Paris

ぶらりあるき

パリの博物館

中村　浩

Hiroshi Nakamura

芙蓉書房出版

ヴェルサイユ宮殿

ヴェルサイユ宮殿鏡の間

中世のルーヴル城塞の遺構

ワイン博物館

コンシェルジュリー

海洋博物館

郵便博物館

偽物博物館

ギメ美術館

ルーアン陶磁器博物館

ルーアンの裁判所

考古学博物館

自然史博物館

はじめに

フランスという言葉の響きに貴方は何を感じますか？　花の都、芸術の都、料理の国、有名ブランド、香水、宝石、科学技術の国、農業国……。それぞれの人の立場や環境によって、イメージも異なるとは思いますが、「美術、芸術の国」であるということには異論はないと思います。

博物館（美術館）は、それぞれの国を知るためにも重要な情報源です。そこには、詳しい歴史の資料や歩んできた足跡が明瞭に残されています。国内外を問わず、多くの旅人は必ず博物館・美術館を訪ねています。そこがたくさんの魅力がある場所だからです。確かにその国の歴史や環境を知る最も手軽な方法でしょうが、それだけではないようです。古代以来の人類がつくりあげてきた多くの芸術作品、すなわち絵画、彫刻、織物等々は、作者の息遣いが伝わってくるばかりでなく、現代人にとって大いなる癒しの空間でもあるのです。

たびたび海外旅行に出かける方はともかく、大半の方は数年に一回、あるいは最初で最後の海外旅行という方もおられると思います。しかし見学に十分な時間が取れないというのがほとんどでしょう。あらかじめ準備して、最も見たい作品をじっくり選んでおくことも必要でしょう。

せっかくパリまで来たのだから、観光コースとなっているルーヴル、オルセーだけでは物足りないという、少々贅沢な、欲張り、あるいは好奇心旺盛な方は、本書で部門別に示した博物館や文化遺産を訪ねられるのがよいのではないでしょうか。

また、再度訪れる時にはもう少し余裕を持って見学したいと考えられている方も多いと思います。博物館見学はゆったりと気の向くままに、ぶらっと訪ねるのがコツです。

本書は、美術作品を中心に展示している館は類書が多いのであえて取り上げていません。その代わり、ガイドブックにも載っていないような小さな博物館、珍しい博物館についても詳しく書いてあります。パリの博物館をぶらっと訪ねるのに役立てば幸いです。

最後に、ご協力いただいた大谷女子大学の小林典子、犬木努の両先生、博物館の池田千尋氏、卒業生の庄博子氏、さらに芙蓉書房出版の平澤公裕氏、オフィスアイ・イケガミの池上泉氏に厚く感謝したいと思います。

二〇〇五年八月

中村　浩

ぶらりあるき **パリの博物館**

1 フランスの歴史を知る博物館 ——9
ルーヴル美術館 ——10
国立中世美術館（クリュニー美術館）——20
ノートルダム大聖堂 ——28
コンシェルジュリー ——32
サント・シャペル ——36
凱旋門 ——38
カルナヴァレ歴史博物館 ——42
郵便博物館 ——48
エッフェル塔 ——52
クレマンソー記念館／ヴィクトル・ユーゴー記念館／フランス歴史博物館／フランス文化財博物館／バルザックの家／貨幣博物館／オペラ座博物館／パレ・ロワイヤル

2 考古学・人類学・民俗学・民族学の博物館 ——57
考古学博物館 ——58
民俗民芸博物館 ——66
ギメ美術館 ——68
アフリカ・オセアニア民芸博物館 ——76
アラブ世界研究所・美術館 ——78

人類博物館／ユダヤ芸術・歴史博物館／セルニュスキ美術館／ニッシム・ド・カモンド博物館

3
科学技術・自然科学・産業の博物館 ——81
技術工芸博物館 ——82
自然史博物館 ——86
ラ・ヴィレット ——88
グラン・パレ ——91
タバコ・マッチ博物館／パリ天文台／植物園／植物園付属動物園／パリ下水道博物館

4
軍事・武器の博物館 ——93
軍事博物館（アンヴァリッド） ——94
海洋博物館 ——98
狩猟博物館（ゲネゴー館） ——102
レジョン・ドヌール宮（勲章博物館） ——104

5
装飾・ファッションなどの博物館 ——107
装飾芸術美術館 ——108
モードとテキスタイル美術館 ——110
広告博物館 ——111
錠前博物館 ——112
ガリエラ美術館 ——114
偽物博物館 ——116

ワイン博物館 —— 118
セーヴル陶磁博物館 —— 122
人形博物館 —— 126
ヨーロッパ写真博物館／マジック博物館／バカラ博物館

6 パリ郊外の博物館を訪ねる —— 129

ヴェルサイユ宮殿と歴史博物館 —— 130
フォンテヌブロー美術館 —— 134
ディジョン考古博物館 —— 138
ディジョン美術館 —— 140
ブルゴーニュ民俗博物館 —— 141
リヨン織物史美術館 —— 143
装飾博物館 —— 146
印刷博物館 —— 148
ガロ・ロマン文明博物館 —— 150
フルヴィエール博物館 —— 152
リヨン市立歴史博物館（マリオネット博物館）—— 154
ルーアン陶磁器博物館 —— 157
ル・セック・デ・トゥールネル博物館 —— 160
古代博物館 —— 163
ノートルダム（ルーアン）大聖堂 —— 164
ジャンヌ・ダルク教会 —— 166

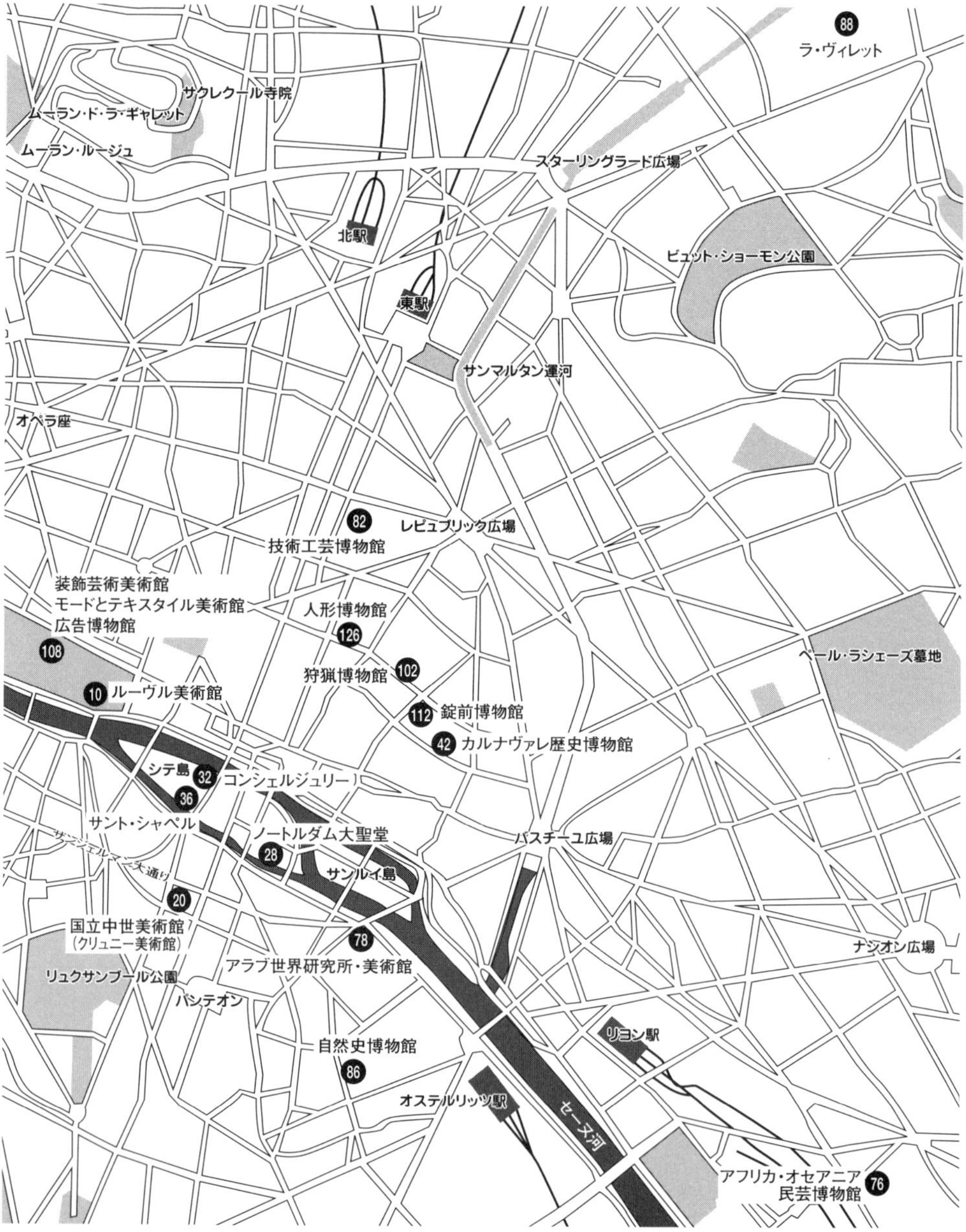
88
ラ・ヴィレット
サクレクール寺院
ムーラン・ド・ラ・ギャレット
ムーラン・ルージュ
スターリングラード広場
北駅
ビュット・ショーモン公園
東駅
サンマルタン運河
オペラ座
82
レピュブリック広場
技術工芸博物館
装飾芸術美術館
モードとテキスタイル美術館
広告博物館
人形博物館
126
108
ペール・ラシェーズ墓地
狩猟博物館
102
10
ルーヴル美術館
112
錠前博物館
42
カルナヴァレ歴史博物館
シテ島
32
コンシェルジュリー
36
サント・シャペル
サンジェルマン大通り
ノートルダム大聖堂
バスチーユ広場
28
サンルイ島
20
国立中世美術館
(クリュニー美術館)
78
ナシオン広場
アラブ世界研究所・美術館
リュクサンブール公園
パンテオン
リヨン駅
自然史博物館
86
オステルリッツ駅
セーヌ河
アフリカ・オセアニア
民芸博物館
76

パリ市街地図

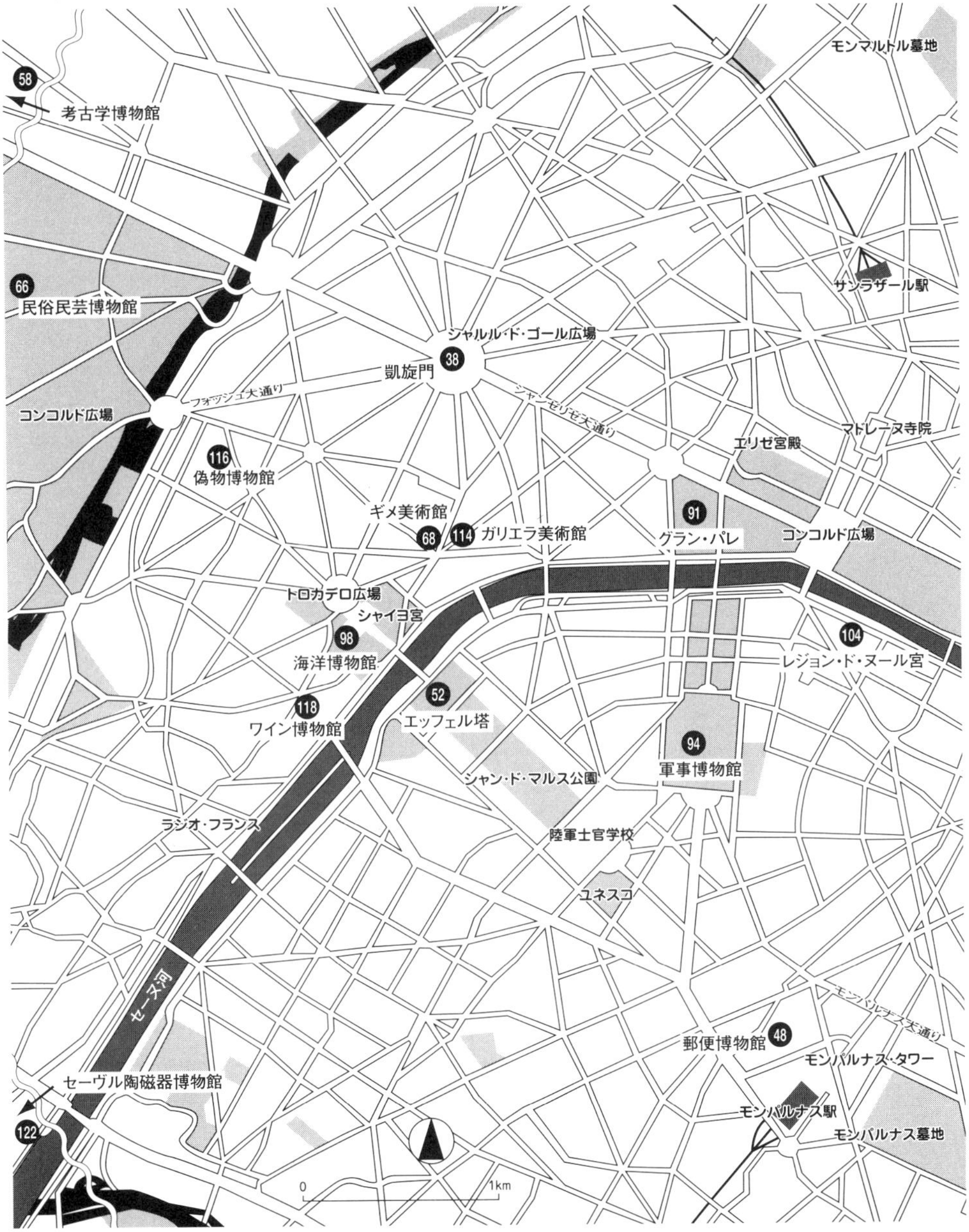

※地図中の数字は、本文ページ数

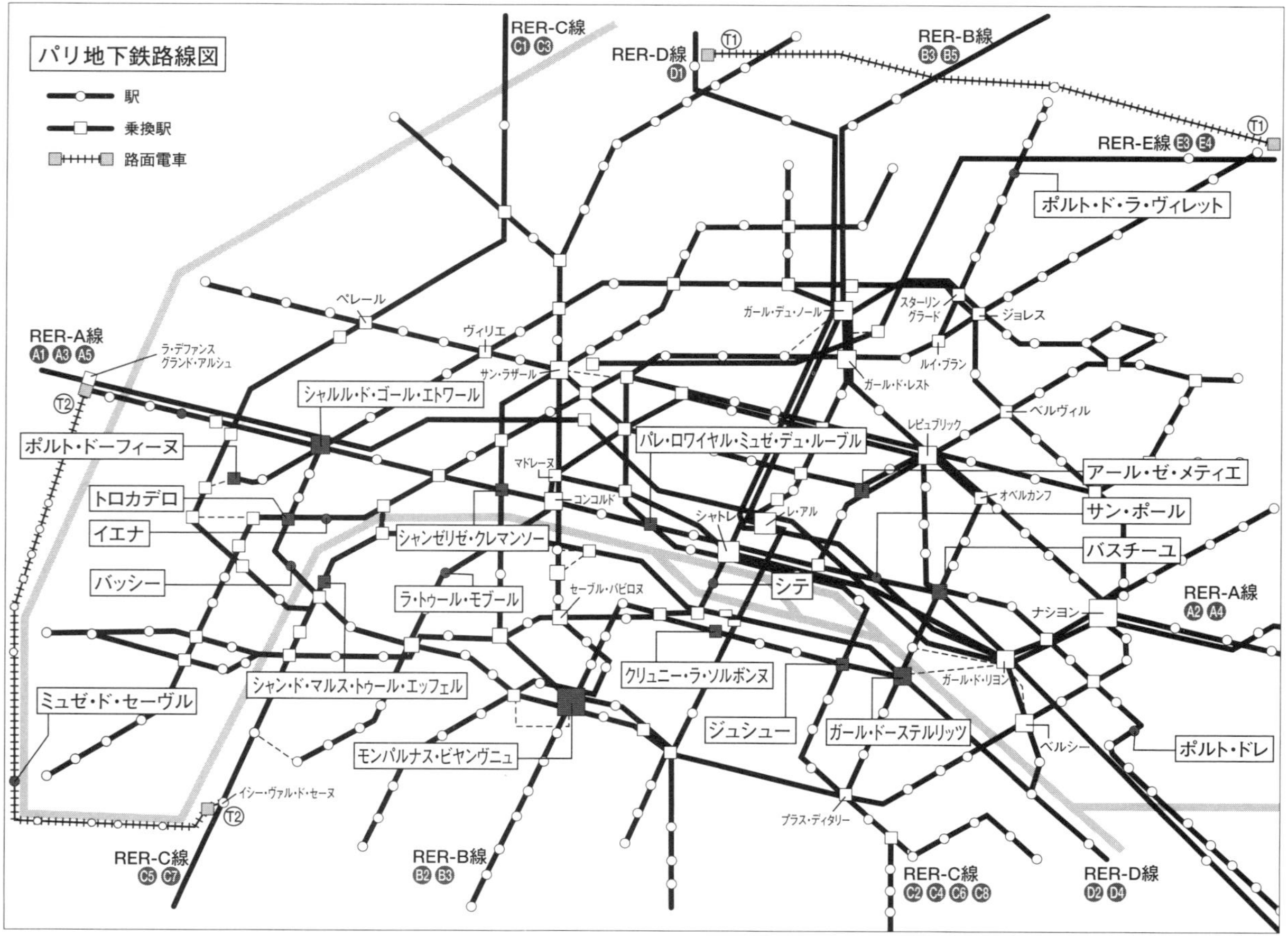
パリ地下鉄路線図
駅
乗換駅
路面電車
RER-A線 A1 A3 A5
RER-A線 A2 A4
RER-B線 B3 B5
RER-B線 B2 B3
RER-C線 C1 C3
RER-C線 C5 C7
RER-C線 C2 C4 C6 C8
RER-D線 D1
RER-D線 D2 D4
RER-E線 E3 E4
T1
T2
ラ・デファンス グランド・アルシュ
ペレール
ヴィリエ
サン・ラザール
シャルル・ド・ゴール・エトワール
ポルト・ドーフィーヌ
トロカデロ
イエナ
パッシー
ミュゼ・ド・セーヴル
イシー・ヴァル・ド・セーヌ
マドレーヌ
コンコルド
シャンゼリゼ・クレマンソー
ラ・トゥール・モブール
セーブル・バビロヌ
シャン・ド・マルス・トゥール・エッフェル
モンパルナス・ビヤンヴニュ
パレ・ロワイヤル・ミュゼ・デュ・ルーブル
シャトレ
レ・アル
シテ
クリュニー・ラ・ソルボンヌ
ジュシュー
ガール・ドーステルリッツ
プラス・ディタリー
ガール・デュ・ノール
ガール・ド・レスト
スターリン グラード
ジョレス
ルイ・ブラン
ベルヴィル
レピュブリック
オベルカンフ
アール・ゼ・メティエ
サン・ポール
バスチーユ
ナシヨン
ガール・ド・リヨン
ベルシー
ポルト・ドレ
ポルト・ド・ラ・ヴィレット

1 フランスの歴史を知る博物館

ルーヴル美術館
国立中世美術館（クリュニー美術館）
ノートルダム大聖堂
コンシェルジュリー
サント・シャペル
凱旋門
カルナヴァレ歴史博物館
郵便博物館
エッフェル塔

フランスの首都パリは、先史時代まで遡る古い歴史を持っています。

セーヌ河は、ガロ・ロマン時代には重要な水運の経路でした。かつての時代ほどではありませんが、今もなお水上交通の担い手として重要な位置を占めています。

セーヌ河の中洲のシテ島には、いつの時代にも常に中枢の施設が建てられました。ノートルダム大聖堂やコンシェルジュリーもその一つであり、多くの文化遺産を育んできました。

一八八九年に開催されたパリ万国博覧会は、ヨーロッパばかりでなく、日本の近代化にも大きな影響を与えました。フランス国内では、美術界にジャポニズムを生み、エッフェル塔など多くの文化遺産を残しました。

ここでは、フランスの歴史、文化遺産を知るための博物館、史跡、記念物などを訪ねてみましょう。

Musée du Louvre
ルーヴル美術館

■セーヌ河北岸から見たルーヴル美術館　左側手前の緑地はチュイルリー公園

ホテルを出て博物館めぐりへと出発します。まずはルーヴル美術館へ向かいます。

メトロ1号線（路線図に黄色で表示）か7号線（ピンク）のパレ・ロワイエル（ミュゼ・デュ・ルーヴル）駅で降ります。降りたところから美術館へは、専用の地下通路を通っていく方法と、地上のガラスのピラミッドから入る方法があります。地下鉄からはたいてい地下通路から入るようです。

まず入館者の手荷物チェックがあります。空港のセキュリティ・チェックと同じくX線カメラで透視し、不審物を検査していますが、空港ほどは厳しくはありません。この関門をくぐると、いよいよ美術館の域内に入ったという感が強くなります。

通路の両脇に、展示品のカラー・ポスターや絵葉書、大小美術品のレプリカなどさまざまなミュージアム・グッズを並べた店のショーウィンドウが続きます。十分眼を楽しませてくれますし、ここで買うこともできます。

地上からのアプローチも決して悪くはありません。地上からは、ガラスのピラミッドの専用入口から入ります。ここでも地下通路と同じくセキュリティ・チェックが行なわれています。天気のよい日はここから入るほうが明るくて、気分爽快になります。体が不自由な人には円形のエレベーターが用意されています。一般の人はエレベーターの周りの螺旋階段を下り、明るい外光の入る、ガラスのピ

メトロ1・7号線
パレ・ロワイエル、ミュゼ・デュ・ルーヴル駅

ラミッドの下方広場に出ます。

まず中央の案内受付前のテーブル上にあるガイドパンフレットを取ります。さすがに世界の美術館といわれるだけに、フランス語は当然として、英語、ドイツ語、イスパニア語、中国語、日本語、韓国語などのパンフレットが用意されています。このパンフレットには、館内の見取り図と、各翼からの案内、代表的な展示物の位置などが示されています。とくにトイレやエレベーターの位置は、重要でしょう。

翼の入口側面には、レストランやカフェなどの飲食スペースがあります。ミュージアム・ショップやレストランのみの利用であれば、入場券がなくても入れます。

パリ市内や近郊の博物館を多く見て回りたいという人は「カルト・ミュゼ」(Carte Musée)を購入して下さい。たいていの国立博物館や建築物などはフリーパスで入れる便利なカードです。一日有効券、三日有効券、五日有効券の三種類があり、表のデザインは同じですが、有効期間によって色が異なります。カードはルーヴル美術館などのチケット売り場やメトロの駅などで販売しています。当然ですが、一日券より

■ガラスのピラミッド

も三日券、さらに五日券のほうが割安になっています。カードの裏面に名前と使用開始年月日を書き込むと有効となります。カード購入時に、フリーパスの博物館のリストの小冊子が渡されるので、参考にしてください。行列のできるヴェルサイユ宮殿やルーヴル美術館などではカードを示すだけで入場できます。価格もリーズナブルで、三ヶ所以上回れば元はとれます。なお凱旋門では使えますが、人類学博物館やマルモッタン美術館、エッフェル塔のほか私立博物館では使えません。

ところで、受付で無料配布されているパンフレットよりも詳しい案内ガイドが欲しい時は、各翼の入り口、エスカレーターを上ったところにガイドブックを販売しているコーナーがあります。地下通路の終わりのところにあるブックショップでも売っています。ガイドブックは分厚いものから手軽なものまでいろいろあります。手にとって気に入ったものを選んで下さい。ただし帰りのカバンは確実に重くなりますので覚悟して下さい。

グループなどで待ち合わせするには、ナポレオン広場が最もわかりやすいと思います。

ナポレオン広場から、リシュリュー翼、ドノン翼、シュリー翼への入り口があります。どこから入ってもよいのですが、とにかく広い美術館です。何が見たいのかによってどの翼にいくかが決まります。三〇万点にものぼる膨大なコレクションを全部見ようと思ったら何日もかかりますが、

■ルーヴル砦の復元模型

■中世のルーヴルの遺構

世界的に有名な作品を少しでも多く見たいというのは当然です。

モナリザやミロのヴィーナスなどには順路の表示がありますが、そのほかは目立った順路表示はあまりありません。自分の見たい作品だけを回るのが最高に贅沢な見学順路なのです。お目当ての作品の場所がわからなかったら館内の係員にパンフレットを指さして尋ねれば教えてくれます。

ルーヴルの歴史について簡単に触れておきましょう。

国王フィリップ・オーギュストがパリを取り囲む城塞の一部に、新たに天守塔などから構成される砦の建設を命じたのは一一九〇年のことでした。十字軍の遠征に自ら参加したオーギュストは、パリの富裕な人々に、パリの街を立派な塔と門を持つ完全な壁で囲むことを命じたのです。

セーヌ河のほとりに完成した城塞は、周囲に水濠を巡らし、一〇の門と七五の塔をもち、広さは二七九ヘクタールに及んだといいます。大きな方形の中心には円柱状の主塔が建てられ、その高さは三〇メートルにも達したと伝えられ

■ミロのヴィーナス
1820年にキュラデスのメロス島で偶然に発見された大理石製の彫像（高さ202cm）で、紀元前100年頃の作品と考えられています。

■アッシリアの人頭有翼の雄牛像
1843年考古学者ポール＝エミール・ボッタによって、コルサバードのアッシリア王の宮殿から発見されました。

ていました。巨大な塔には宿泊施設や武器庫、さらには監獄などが整備されていました。

ところで、ルーヴルの名前の語源については、サクソン語の「城塞」（lowar）、土地の色「赤」（rubra）など、さまざまな説があります。かなり前になりますが、はじめてパリを訪れた時、ルーヴルの中庭では発掘調査の真っ只中でした。日本でもよく見かける光景なのですが、なんとなくのんびりしているように感じました。やがてこの調査の成果は、美術館の地階展示室に「中世のルーヴル」のコーナーとして公開されました。一部補修や復元の手を加えているようですが、遺構としての残り方もよく、主要な展示の一つになっています。調査で発見された遺構の有効利用です。これによってルーヴル宮殿に先立つルーヴル砦が八〇〇余年ぶりに姿を現したのです。同じコーナーには、かつての砦の姿が模型で再現されています。

やがて十四世紀のシャルル五世の時代には、この砦は王宮用として入念な整備が行われました。この時代から、地味な砦から「七宝のように優美で画期に満ちた城館」に生まれ変わり、王の居館としてのルーヴルの歴史が始まったのです。

しかし百年戦争の勃発によって、歴代の王はルーヴルを離れていきました。やがてフランソワ一世がパリでの滞在場所をルーヴルとしたことから再び歴史の舞台に登場します。この時期に、ルーヴル王宮をルネサンスにふさわしい宮殿とすべく、工事が始まり、整備が行われました。

工事はアンリ二世に引き継がれました。一五六四年、カトリーヌ・ド・メディシスが、ルーヴルの六〇〇メートル北側にチュイルリー宮殿の建造を命令します。ここでルーヴルとチュイルリー宮殿を結ぶ計画「グラン・デッサン」が生まれました。

やがて二つの宮殿の建物はアンリ四世の治世末期にグランド・ギャラリー（大回廊）によってつながります。ルイ十三世、ルイ十四世の時代にも宮殿の改修工事は続けられました。しかし太陽王ルイ十四世は、パリ郊外二〇キロのヴェルサイユ宮殿を重要視し、ルーヴル宮殿は急速に忘れられた存在となっていきます。この間、ルーヴル宮殿にはあらゆる階層の人々が侵入し住みつくようになり荒廃しました。

十八世紀末になると、ルーヴルを美術館にしようという構想が出されます。この頃には、王侯や教皇のコレクションを展示して一般市民に公開すべきであるという声が高まっていました。そして一七七六年、王室建築物管理官のダンジビレ伯爵が、グランド・ギャラリーを美術館に改装することを決定します。

■カルーゼル凱旋門

この当初の美術館の開館は、フランス革命の勃発によって頓挫してしまいますが、立憲議会がダンジビレの案を採用し、一七九一年五月六日に中央美術博物館の創設が決定され、一七九三年八月一〇日に開館しました。

一八六六年、ナポレオン三世によりチュイルリー宮とルーヴル宮をつなぐ大計画が実現しますが、一八七一年、パリ・コミューンでチュイルリー宮が焼失してしまいます。まもなく共和国政府はこのチュイルリー宮を完全に撤去します。これによって、以後のルーヴルは二つの腕を広げたような形状となり、チュイルリー公園からコンコルド広場まで、北側への眺望が大きく広がるようになったのです。

一九八一年、フランソワ・ミッテラン大統領は、ルーヴル宮全体を芸術作品の展示場所とする決定をしました。これによって財務省が入っていたリシュリー翼が展示用に開放されるようになりました。

さらに「グラン・ルーヴル」計画の一環として、コンクールの末、アメリカ系中国人イオ・ミン・ペイによって提出された、ルーヴル宮の広いスペースを生かす計画が採用され、中庭中央にガラスのピラミッドが建設されました。

現在ルーヴル美術館は、毎年ほぼ五〇〇万人以上の見学者が全世界から訪れています。

ルーヴル美術館のコレクションは、大きく七つの部門に分けられています。その七つとは、古代オリエント美術コレクション、古代エジプト美術コレクション、古代ギリシャ・エトルリア・ローマ美術コレクション、絵画コレクション、版画コレクション、彫刻コレクション、美術工芸コレクションです。

ルーヴル美術館をガラスのピラミッドの出口から外に出て見ましょう。

建物の反対側、すなわち西側を見ると、正面にカルーゼルの凱旋門が見えます。一八〇五年ナポレオンの勝利を記念して建築され一八〇八年に完成しました。門の上部には四頭だての二輪戦車の像がありますが、これは一八二八年のナポレオン失脚後、ブルボン家の王政復古を祝って加えられたものです。なお各円柱の上部にはナポレオン軍の兵士の彫刻像を見ることができます。

この門の建築を担当したのは、ルーヴル美術館建設工事責任者の一人であったドノンです。現在もドノン翼にその名前が残されています。

■ルーヴル美術館から北を望む

■チュイルリー公園

またデザインを担当したのは、ペルシェとフォンテーヌでした。パリの象徴的な建造物として有名なシャンゼリゼの凱旋門もナポレオンの命令によって建築されたものですが、彼はその完成を見る前に亡くなっています。カルーゼルの凱旋門は、規模は小さいのですが、ナポレオンが生前見ることのできた唯一の凱旋門です。

ガラスのピラミッドを出て少し西に行くと、金柵が南北にめぐらされています。以前はこの柵はなかったのですが、今はその切れ目からしか外へ出られなくなっています。無粋としか言いようがないのですが、車道と歩道の境界の役割も果たしており、おそらく交通事故から観光客を守るために作られたのでしょう。

西側には、遠くにチュイルリー公園の緑地が見渡せます。この公園は、もともとはルーヴル宮殿の西端に作られていたチュイルリー宮殿の庭園として計画、作成されたものです。庭園はル・ノートルによって設計されたフランス式庭園です。整然と企画された道路に沿って、美しく手入れされた芝生や植栽が見られます。またこれらの間に点在する大理石の彫像も楽しいものです。強い日差しにもかかわらず、ジョギングで汗を流す人、家族連れで散歩する人、木陰

■チュイルリー公園からコンコルド広場、凱旋門を遠望

のベンチで語らい合うカップルなど、市民の憩いの場として親しまれています。

チュイルリー公園からは、コンコルド広場が遠望できます。フランス革命の際は、一七九三年広場の北西隅にギロチン台が置かれ、そこでルイ十六世やマリー・アントワネットが処刑された広場です。中央には、一八三一年エジプトのモハムッド・アリからフランスに贈られたオベリスクが見られます。このオベリスクは、紀元前三三〇〇年テーベ（現在のルクソール）のラムス神殿に建てられていたものでした。さらに遠方にはエッフェル塔を望むことができます。

またオランジェリー美術館もすぐ近くにありますが、二〇〇四年九月の段階では工事中でした。改修工事はまもなく完了すると思いますが……。

Musée de Cluny
国立中世美術館（クリュニー美術館）

■修道院の雰囲気をよく残している

ルーヴル美術館を出て、セーヌ河に架かるカルーゼル橋を渡って左岸に出ました。

セーヌ河に沿って南に歩くと、右手に国立美術学校の建物があります。優雅なポン・デザール橋の近くでは画家たちがカンバスを広げています。右手のフランス学士院の建物の横を右に曲がって三〇〇メートルほど行くと、それまでとはまるで別世界の「静寂」という言葉がぴったりな地域になります。北(右)の路地を入ると、まもなくドラクロア記念館に着きます。この路地を突っ切ると美術学校から通じる道に出ます。

街路に沿って、骨董品・美術品・陶磁器などを扱っている小さな店が建ち並んでいます。西洋アンティークには興味があるのですが、一人で店の中に入るほどの勇気はありませんでした。外からは値段の表示が見えないので、勝手にこの商品はいくらぐらいだというように値踏みをしながら、ウィンドウ・ショッピングをゆっくりと楽しみました。

メトロ10号線
クリュニー・ラ・ソルボンヌ駅

■クリュニー修道院の復元模型

やがて一〇分ほどで再びセーヌ河左岸の交通頻繁な通りに戻りました。再び河に沿って南へ歩くことにします。シテ島から通じるサン・ミシェル通りとの交差点から右（南）に曲がります。この先を四〇〇メートルも行くと、フランスの名門ソルボンヌ大学など大学が集中している地域があります。行きかう人も、観光客から次第に学生が増え、雰囲気が変わってきます。このあたりをカルチェ・ラタンと呼んでいます。

さて、サン・ミシェル通りを南に数分歩くと、左手に緑の木々に囲まれた教会風の建物が見えてきます。これが国立中世美術館（クリュニー美術館）です。美術館の正面には小さな公園があり、清楚なマンションのテラスでお茶を楽しむ家族の姿も見かけました。

美術館は一八四三年に創設されたもので、ローマ時代の浴場跡の遺跡とその上に建てられたクリュニー修道院の施設から構成されています。

現在見ることができる遺跡は、三世紀のローマ時代にセーヌの船主たちの組合によって建設された共同浴場（テルメ）です。浴場といって

■かつての修道院とローマ時代の浴場遺跡が重なり合った館内

も冷水の浴槽があるというもので、私たちが思い浮かべる公衆浴場とは少し趣が異なります。やがてこの浴場は時代がくだるとともに利用者もなくなり、ついには忘れられていったのです。

その後十四世紀に、ブルゴーニュで勢力を持っていたクリュニー修道院長に買い取られます。修道院長はここに院長の公邸と学寮を建設しました。

美術館の外観は、いかにも中世の教会というもので、門を入り前庭に立つと重厚な雰囲気に圧倒されます。建物正面の扉の上部や屋根に取り付けられた出窓の周囲には美しい装飾彫刻が施されています。その文様にどんな意味があるのか、残念ながら不明ですが、これこそフランスの中世建築だと建物自らが誇らしげに語りかけているようにも見えます。

美術館の入り口を入ると、すぐ前に古井戸があります。ミュージア

■ステンドグラスが間近に見られる

ム・ショップを横目で見ながら少し行くと薄暗い部屋があります。そこには礼拝用の机、椅子が置かれており、宗教施設であることを意識させます。さらに進むと、真っ暗な中に浮かび上がるステンドグラスの展示室があります。ここでは、教会や大聖堂の明かり取りにもなっているステンドグラスを見学者が触れることができるほど近くに集めて後ろからライトを当てています。原色に近い美しい色彩をこれだけ間近で見られるのは感動ものです。

両側の壁には、浮き彫りの素焼きの粘土板（テラコッタ）が上下にぎっしりと貼られていますが、すべてを鑑賞するには廊下の空間が狭すぎるようです。

かつての修道院の姿を残していると思われる煉瓦を積んだ壁や、立体的な装飾文様が見られる柱が続きます。その間を通路が下方へのびています。

まもなく広い空間に出ます。ここには多くの石像が展示されており、聖王のギャラリーとも呼ばれています。かつてシテ島のノートルダム寺院の正面に飾られていた二八体の聖王像が展示されています。フランス革命の際、フランス歴代の王の彫刻像と間違えられ、革命政府によって下ろされ、破壊され、人知れず処分されてしまったのですが、一九七七年、オペラ座付近の工事現場から偶然発見され、この美術館に収められました。「歴史の生き証人」として残ったのでしょう。

■聖王のギャラリー

比較的痛みは少ないのですが、すべて胴体が離され、顔が大きくえぐられているものもあります。当時の迫害のすさまじさを物語っているようです。今でも頭部と胴部は別々に展示されています。現在ノートルダム寺院の正面玄関の上には、復元された聖王二八体の石像が何事もなかったかのように安置されています。

広場の展示から階段を下りると、展示室12（ローマ時代の浴場遺跡）です。フランスとイタリアは陸続きですが、パリにまでローマの影響が強く残されているとは考えていませんでした。この遺跡は、ローマ帝国の影響力の大きさを実感させてくれます。

共同浴場は、昔も社交場としての役割を果たしていました。セーヌ河に近いこの場所でも、セーヌ河を上下する船の船主や船員たちの賑やかな会話が交わされたのでしょう。

浴場から次の展示室への壁際に、かつての修道院の復元模型が置かれていました。そこには、この展示が目の不自由な方のためのものであり、触ってみる展示物であるという説明板がありました。最近の博物館は、バリアフリーの見地から設備を充実させていますが、クリュニー美術館は階段が多いため、そうした設備の設置は困難なよう

■タペストリーの展示室

です。その分、展示方法などでこうした工夫をしていることに感心しました。

さていよいよ、この美術館の見学で最大の目的でもある「貴婦人と一角獣」のタペストリーのある展示室13に近づきました。

展示室は半円形の独特な形をしており、内部は照明が落とされ暗くなっています。このため暗さに目が慣れるまでに若干の時間を要します。この措置は、展示作品の褪色防止、すなわち色あせを防ぐためにやむなくとられた方法です。目が慣れてくると壁面のタペストリー作品がはっきりと見えてきます。このタペストリーは、フランス中部にあったものをジョルジュ・サンドが見出したものです。展示室の壁面には六帳の作品が掲げられています。

このタペストリーに表現された文様は、貴婦人とその両脇のライオンと一角獣、さらに背景には草花や鳥などの動物が配置されています。

六帳のうち五帳の図像解釈では、人間の五感(視覚、聴覚、味覚、嗅覚、触覚)が表現されているということです。作品は左側から、味覚、視覚、聴覚、嗅覚、触覚の順に並んでいます。まず「味覚」では、貴婦人が女性の差し出した容器か

■貴婦人を描いたタペストリー

ら菓子をつまんでいます。次に「視覚」では、貴婦人が手鏡で一角獣を映しています。「聴覚」では、貴婦人が楽器を演奏しています。「嗅覚」では、貴婦人が花輪を作り、猿がその臭いを嗅いでいます。「触覚」では、貴婦人が一角獣の角をつかんでいます。

反対側に掲げられている一帳では、A mon seul desirと記された天幕が貴婦人の上部を覆っています（上の写真）。このタペストリーが結婚の記念に制作されたという説があったことから、この絵柄は貴婦人が宝石箱から宝石を取り出しているところだと今までは解釈されていました。しかし今は違う解釈が定説となっています。つまり、婚姻に関わる内容であるなら両家の紋章か新たに合体した家の紋章の旗が掲げられているはずだそうです。この作品が唯一ル・ヴィスト家のものであるということからも、この解釈は否定されています。また、この織物の所有者は一五一三年にヴァンドネスの貴族ジャパンヌ家に嫁いだリヨンの貴族ジャン・ル・ヴィスト四世の娘クロードであるという説もありましたが、最近の研究ではタペストリー自体の様式から見て一四〇〇年代後半のものとされ、従来の一五〇〇年過ぎという年代観も否定されてしまいました。長くなってしまいそうなので、結論を書くと、この作品の所有者は一四五七年にル・ヴィスト家を継承したジャン四世という人物で、要職に就いた記念にこの紋章を多用した織物を織らせたのではないかということです。ちなみに、彼は一四八四年にパリ税務裁判所長官に任命されています。となると、最後の構図は宝石を取り出しているのではなく、箱にしまっているのであるという解釈になり、自分の意思に従うという意味となるようです。ミュージアム・ショップで十五ユーロで購入したLa Dame a l à Licorneにこう書かれていました。

本来の意味はともかく、貴婦人をめぐる両脇のライオンと一角獣と貴婦人の顔の表情や、周囲の動物の動きや草花の美しさなどから、旧来の解釈でも充分にロマンが感じられ納得するのですが……。

充分に中世の雰囲気を楽しんでから出口に向かいます。出口の直前には、先ほど入館時に横目で見て通ったミュージアム・ショップがあります。規模は大きくはありませんが、ガイドブック、ポスト・カード、ポスターなどの定番商品が並べられているほか、中世美術や歴史、織物に関する研究書籍が置かれていました。

ノートルダム大聖堂

Cathédrale Notre-Dame de Paris

■ノートルダム大聖堂正面全景

パリ観光の主要な場所といえば、多くの人がノートルダム大聖堂をあげるでしょう。セーヌ河の中洲のシテ島に建てられた、中世フランス文化の結晶というべき華麗で壮大な建物です。

すでにこの地域には、二〇〇〇年前にガロ・ロマン人の神殿があり、その後も初期の教会がいくつか建設されたそうです。シテ島には六世紀頃には聖堂のような施設があったとされていますが、具体的には明らかではありません。

ノートルダム大聖堂は、一一六三年にパリの司教であったシュリーによって建設がはじめられ、十四世紀前半に完成しました。ゴシック様式をさらに発展させた建築物として、建物の周囲側面の彫刻、装飾などの外観のみならず、内部の荘厳な装飾手法など美術的評価が高いものです。十九世紀にはヴィオレ・ル・デュックによって大改修が行われています。内部は幅四八メートル、長さ一三〇メートル、高さ三五メートルという大きなもので、一度に六〇〇〇人以上の礼拝者を収容することができるといわれて

RER. C線　サンミシェル・ノートルダム駅
メトロ４号線　シテ駅

■寺院の正面は彫刻だらけ

■復元された聖王像

■パリゼロ地点の標示

います。

内部に入ると、中央の祭壇を中心にして右（南）側のステンドグラスには細かい花弁で構成される薔薇の花をデフォルメしたバラ窓が見えます。一方には花弁の幅の広いバラの花を表現したステンドグラスのバラ窓、聖母子像を表した窓があります。巧みに外光を取り入れ、内部にいる者を敬虔な雰囲気にさせる効果があります。このような心理的な面も考慮した技術に感心させられます。日本の障子が中にいる者に安らぎを与える効果があるのと似ています。洋の東西を問わずさりげないところで十分な効果を上げるように考えているのでしょう。

ノートルダム大聖堂は、聖母マリアに捧げられたもので、マリア信仰の発露でもあるのです。かつてこの寺院の正面玄関上には旧約聖書にあるユダヤとイスラエルの王二八人の石像がありました。これはフランス革命の際にフランス歴代の王を表現した石像と間違われて破壊されてしまいましたが、オペラ座裏の建設工事の際、偶然に掘り出され、現在クリュニー美術館で現物を見ることができます。このほかにもノートルダム大聖堂はさまざまな被害を被ったようですが、ナポレオンが戴冠式をここで行うなど、パリ市民、フランス国民にとって、その存在の重要度は変わりませんでした。やがて十九世紀には大修理が行なわれています。

大聖堂の関連施設として、パリの景観を満喫できるノートルダムの塔、古代地下納骨堂、大聖堂とシテ島の歴史がわかるノートルダム博物館などがあります。時間に余裕があれば立ち寄って見て下さい。

ところで、この寺院の前のパルヴィ・ノートルダム広場に、パリの地理的な原点を示すブロンズ製の星印の標示があります。八角形の中心部分に円形の外周を巡らせるというもので、これがパリのゼロ地点です。「パリから○○キロ」という距離表示はこのポイントを起点にしたものです。とくにゼロ地点であるという標示や解説板などが設置されていませんので見逃す人も多いでしょう。

ノートルダム大聖堂を訪れる観光客の多くは、このポイントの上で、あるいは周りで記念撮影をしているようです。

Conciergerie
コンシェルジュリー

■セーヌ河とシテ島

セーヌ河を二分するように、西にシテ島、東にサン・ルイ島があります。

シテ島にはかつて王宮があり、またパリの政治の中枢が置かれた地域でした。現在のシテ島にも、パリ警視庁、最高裁判所、市民病院、商工裁判所など、パリ市民の生活と関わりの深い施設が見られます。

シテ島の東南部にはノートルダム寺院があり、西側の北にはコンシェルジュリー、南にサント・シャペルと続き、これらの中間に警視庁があります。メトロのシテ駅を降りると、警視庁の建物前に出ます。コンシェルジュリーは右側（西）で、広い正面道路の突き当たりの入り口に向かいます。コンシェルジュリーの建物はセーヌ河右岸から見ると、塔などに王宮のイメージが残っています。

ところで、このシテ島はメロヴィンガ王朝の時代には、王たちが時折滞在する程度でした。やがてユーグ・カペは王宮を大幅に改築し、ここが王の権力を象徴する場所となりま

RER. C線　サンミシェル・ノートルダム駅
メトロ４号線　シテ駅

す。すなわち、この王宮内に王の諮問会、司法、内政、軍備などの機関をおいたのです。さらに聖王ルイの時代には、サント・シャペル聖堂の建立という大規模な工事が行われました。この時代には近接してノートルダム聖堂も完成しており、王宮はまさに荘厳な雰囲気に包まれていました。十四世紀フィリップ王が王宮の住居、城砦、庭園など全体にわたって改装します。続いてジャン王の時代に厨房部分や塔を増築します。

シテ王宮の時代はこの時期までで、一三五八年パリ執政官であったエティンヌ・マルセルがジャン王の顧問たちを王子の目の前で暗殺させるという事件が起こったのです。この王子は後にシャルル五世となりますが、彼は即位してからまもなくこの場所を離れ、サン・ポールの館へと移ります。さらにルーヴルに移り、これを王宮としたのです。一三九一年、シャルル五世がサン・ポールの館に移る際、このシテ王宮の場所に王室司令部（議会、大官法廷、監査院）を置き、コンシェルジュ（門衛）を任命しました。この時期以降、コンシェルジュリー牢獄の歴史が始まります。

コンシェルジュリーとは、門衛の住居のこと

■コンシェルジェリーの入り口

■衛兵の間

ですが、後に建物全体の呼称となります。王政陥落後、一七九三年国民公会によって設置された革命法廷は本拠をここに置きました。一七九三年から九五年の二年間に二七〇〇名もの人が死刑判決を受け、このコンシェルジュリーの牢獄内で受刑を待つことになります。多くは一般の民衆や貴族、学者、文学者などで、詩人のアンドレ・シェニエ、王妃マリー・アントワネット、「恐怖時代」のロベスピエールなども含まれていました。

十九世紀に入ってからも、ここには多くの人が捕らえられていました。反革命王党将軍カドゥダル、ネイ元帥、ナポレオン王子、アナーキストのオルシニなどです。

一九一四年にコンシェリジュリー牢獄（刑務所）は廃止され、やがて歴史遺産に指定されました。これを契機として、一般見学者に開放されたのです。現在では薄暗い部屋の壁面に、その時に処刑された人々のネーム・プレートが掲げられています。細かな文字で処刑された人々の名前が刻まれています。

コンシェルジュリーは、フィリップ四世がシテ王宮を修復、拡張する中で建てられたもので、中世建築の代表的なものです。

主たる施設の「衛兵の間」は、アンゲラン・ド・マリニーによって建てられました。一三〇二年から一三年の間、王宮で働く二〇〇〇名の人々の食堂として使用されました。重厚な柱で支えられたゴシック様式の広大な部屋です。レイヨナン・ゴシック様式と呼ばれ、現存する中世の一室としては最も広いとされています。現在は何も置かれていないので、ただただ広い空間です。

「警備の間」は、一三一〇年頃フィリップ四世によって建てられたもので、一階の大広間へ通じる待合室となっていました。「大広間」は王の謁見が行われたほか、革命法廷が置かれた場所でもあったのです。

革命時代牢獄の一部が復元されています。そこではバイユー（貧乏囚人）、ピストリエ（自費で独房に入る囚人）、そして著名人用の牢を見ることができます。王妃マリー・アントワネットが最後の七六日間を過ごした独房の様子も再現されて公開されています。

牢獄の暮らしも金次第ということでしょう。金持ちは自費で独房に入ることができ、比較的優雅に？　過ごしたといいますが、はたしてギロチンが待っている監獄生活はそのようなものだったのでしょうか？

コンシェルジュリーの監獄は、華やかな貴族生活が当然のように見えたパリの文化とは対照的な一面を見せてくれたように思いました。

■革命時代の監獄の復元ジオラマ（ピストリエ）

Ste-Chapelle
サント・シャペル

■サント・シャペル聖堂全景　手前の門は裁判所の門

コンシェルジュリーに隣接して最高裁判所があり、その中庭にサント・シャペルがあります。

この聖堂は一二四八年、ルイ九世がコンスタンチノープルの皇帝から購入した聖遺物のコレクションを納めるために、建築家ピエール・ド・モントルイユに命じて建築させたもので、わずか三年足らずの年月で建てられました。これは他の建物が多くの年月を要していたことを考えると驚異的なスピードでした。

RER. C線　サンミシェル・ノートルダム駅
メトロ４号線　シテ駅

建物の内部は上下に分かれており、一階部分は王家の使用人の礼拝用、二階は王家の礼拝用として使用されました。二階の礼拝堂の壁面にはパリ最古の十三世紀に作られたというステンドグラスが一面を覆っています。外光がステンドグラスを通過することによって、堂内を柔らかでかつ厳かな雰囲気に演出しています。ちなみに、このステンドグラスには一〇〇〇を超える聖書に由来した物語が表現され、それらの面積は合計すると六〇〇平方メートルに及ぶそうです。短期間での建造とはいえ、この建物はゴシック様式を代表するものであり、その美しさを讃えて「ゴシックの宝石」と表現する人もいるほどです。

サント・シャペルのチャペル横の建物は二十世紀に改装されていますが、歴史を感じさせる建物です。現在は最高裁判所が置かれており、厳重に柵によって囲まれた威厳ある重厚な雰囲気の、法曹界の中心にふさわしい建物です。

■裁判所正面

凱旋門 Arc de Triomphe

■凱旋門全景

パリといえば必ず名前が出る観光スポットです。ルーヴル美術館の西にあるカルーゼル凱旋門、ラ・デファンスのグランド・アルシュ（新凱旋門）なども知られていますが、凱旋門といえばまずド・ゴール広場の中心に建てられたエトワールの凱旋門を思い起こすでしょう。

シャンゼリゼ通りを中心として十二の通りが集中する凱旋門は、まさにパリの象徴的な存在です。幅四五メートル、高さ五〇メートルの大きさがあります。

一八〇六年、ヨーロッパ諸国の大方の予想に反して圧倒的に劣勢であったフランス軍がアウステルリッツの戦いで勝利したという栄光を称えるために、ナポレオンは古代ローマ時代に思いを馳せた巨大な凱旋門の設計を、シャルグランに依頼しました。その後、ナポレオンの失脚などがあり建設工事は進まず、ようやく三〇年後のルイ・フィリップの時代、一八三六年に完成しました。

ナポレオンは失脚後、流刑地のセント・ヘレナ島で亡くなります。死後十九年が経過した一

メトロ1・2・6号線、RER. A線
シャルル・ドゴール・エトワール駅

■凱旋門からパリ市内を一望する

八四〇年にイギリスから棺が返還され、この時初めてこの凱旋門をくぐることができました。

やがて一九二〇年、第一次世界大戦で死亡した無名戦士の遺体が凱旋門の下に安置され、以来フランス国家に命を捧げた人々の慰霊のための記念碑として、毎日夕方六時三〇分頃には追悼の炎に火が灯されています。

門の最上部は展望台となっており、シャンゼリゼ通りをはじめ、放射状にのびる十二の街路や町並みを見渡すことができます。ここからの夜景はすばらしい景色です。展望台にのぼるにはエレベーターはありますが、らせん階段を二七二段のぼるという方法もあります。健脚の方は歩いてのぼってみてはいかがですか。その途中には歴史資料を展示する展示室もあります。

さて凱旋門の周囲の壁には、いくつかの彫刻が施されています。それらは過去の戦いに取材したもので、フランス軍の栄光に関連したものです。門の正面のシャンゼリゼ通り側には、ナポレオンがトルコに勝利したアブキールの戦いの場面と、一七九五年オーストリア軍を破ったものの翌年戦死したマルソー将軍の葬儀の風景が、また両脇の柱には、コルトー作の「一八一〇年の勝利」（ウィーン講和条約を称える彫刻。勝利したナポレオンが女神から月桂冠を授ける姿が彫刻されている）と、リュード作の「一七九二年の義勇兵の出陣」（通称ラ・マルセイエーズ。マルセーユから志願した義勇兵がオーストリア、プロイセンの軍を後退させ、フランスの危機を救ったことに由来する）が彫刻されています。また門の最上部分のレリーフにはナポレオンが勝利した戦いの名前が刻まれています。

■「1810年の勝利」の彫像

　このように凱旋門は、パリの象徴的な門であるとともに、フランスにとっての歴史的記念物でもあるのです。

　凱旋門を中心にして十二本の街路が放射状にのびています。門の正面を通るのはシャンゼリゼ通りで、直交するのはワグラムとクレベール大通りです。パリで最もにぎわっているシャンゼリゼ通りに

■「1792年の義勇兵の出陣」の彫像

は、有名ブランドの店が立ち並んでいます。

　凱旋門の部分はロータリーとなっており、パリ市内でも最も交通量の多い要衝です。このため凱旋門へ行くための地上の歩道はなく、地下道が通じています。

■ロアン館　マレ地区には中世の館が多い

Musée Carnavalet
カルナヴァレ歴史博物館

メトロ1号線セント・ポールで下車し、セーヌ河と逆の方向に三〇〇メートルほど行くとカルナヴァレ博物館です。この博物館と道を隔てた南側にはパリ歴史図書館として使用されているラモウニョン館があります。このあたりには中世の雰囲気を今なお残している建物が多く見られます。カルナヴァレ館（歴史博物館）の西側三筋目にはフランス歴史博物館（スービーズ館）やロアン館があります。さらに隣接してピカソ美術館や錠前博物館などもあります。

これらの博物館が集中する地域をマレ地区と呼んでいます。この地区には、古い貴族の館など中世ルネサンスの時代の雰囲気を残す歴史的な建物が多数残されています。

例えば、一七〇五年にドラメールによって建てられ、ジェルマン・ボフランによって改築が加えられた建物は、現在フランス歴史博物館として使われています。この建物はスービース館とも呼ばれ、この地区にある貴族の館の中で最も規模の大きい建物です。ロココ調の豪華な展示室は一見の価値があります。

十八世紀に歴代のロアン枢機卿が居住していたロアン館もスービーズ館と同じドラメールの設計によるものです。この館は、展覧会と一部期間しか内部の見学ができません。

メトロ1号線
サン・ポール駅

■カルナヴァレ歴史博物館正面入り口

道路が舗装されていることはともかく、自動車さえ頻繁に走らなければ、突然中世の騎士や着飾った麗人に出会っても不思議ではない町並みです。

カルナヴァレ歴史博物館として使われている建物は、十七世紀に活躍した作家セヴィニエ夫人が居住していたカルナヴァレ館と、十七世紀後半に建てられたル・ペルディエ・ド・サン・ファルジョー館という二棟の貴族の館で構成されています。

中庭はさほど広くはないのですが、丁寧に刈り込まれた緑が鮮やかな植栽が見られます。

時代によっても異なりますが、一般的に日本庭園の植栽は円形に丸く刈られているのが普通です。しかし西洋庭園の場合は直線的な刈り込みだったり、曲線の場合は幾何学的な文様に見えます。何かの記号を表現しているのか、あるいは家紋を表しているのでしょうか。

日本庭園では庭園内を歩いて楽しむ回遊式という鑑賞法がとられます。西洋庭園でも散策ということもあるでしょう。しかしこのような小さな庭園では、輪郭や文様は高所から見なければわかりません。この博物館も二階の窓から見ると、直線的な建物と植栽の曲線、建物の壁面の白さに対して植栽の緑という色彩のコントラストがはっきりわかります。なかなか味わい深い庭園です。本格的なヨーロッパの庭園に馴染みのない私たちには、最初は奇異な印象がありますが、まもなくその人工的な美しさを感じることができるようになります。作庭者の意図はともかく、自分なりにその庭の美を楽しむことができたと思います。

■カルナヴァレ歴史博物館

2階から見える庭園の植栽

カルナヴァレ館の建物は、十六世紀半ばの一五四四年に建てられました。ルネサンス様式建築で、十七世紀には建築家フランソワ・マンサールによって一部改築されました。

この博物館はフランス革命当時の貴重な記録などの記念物とパリ市内の発掘調査で出土した考古遺物を主たるコレクションとして、一八八一年に公開されました。公開当初は図書館を併設した合同の施設でした。やがて一八九八年に図書館は別の場所に移転しました。

コレクションの増加は著しいもので、図書館が移転して空いたスペースを使っても博物館としては手狭でした。やがて一九六五年に、ブービエの寄付によって博物館の拡張計画が実施され、一九八九年には完成しました。

新しい博物館には、フランス革命の期間と、十九〜二十世紀の歴史を物語る資料が集められました。さらに一九二一年以降、考古学的な遺品の展示に用いられてきたオレンジ栽培室の改修工事が行われ、立派な展示室として機能するようになりました。

さらに二〇〇〇年にはガロ・ロマンコレクションとして丸木船が加わりました。この丸木船は一九九二年にセーヌ河の岸辺から出土しまし

■丸木舟の展示

■さまざまな出土品の展示

■調度・装飾品の展示

た。調査の結果、紀元前四八〇〇～四四〇〇年の新石器時代のものであることが判明しました。このような簡単な構造の船で人々はセーヌ河を行き来していたのでしょうか。今ではこの丸木舟はこの博物館の考古学部門を代表するコレクションとなっています。丸木船は船体をいくつかの金属の台によって支えられ、ケースに入れられて展示室の中央部分に置かれています。その周囲のケースには、パリ市内の遺跡から発掘されたさまざまな考古遺品が展示されています。

さらにアンリ四世からベル・エポックの時代まで、年代を追って絵画や家具、絨毯や陶磁器などの室内装飾品などが展示されていますので、工芸品に興味のある方も充分楽しめると思います。

ここでは先史時代から現代のパリまでを知ることができます。他の博物館の展示に比べると、派手さはありませんが、本当のパリを知るための博物館といえるでしょう。

郵便博物館
Musée de la Poste

■郵便博物館正面玄関

モンパルナス駅の建物と道を一本隔てたビルが郵便博物館です。

表玄関のガラス戸は、博物館の入り口としては少し狭いように感じました。ちなみに、この博物館は一九九七年にリニューアルして開館しました。

玄関側面ケースには、フランス各地で郵便の集配、輸送に活躍している郵便自動車の縮小模型が多数並べられています。大型のものから小型のものまで、黄色に塗られた車は、玩具屋のウィンドウ・ケースという雰囲

メトロ4・12・13・6号線
モンパルナス・ビアンヴニュー駅

かつての郵便配達人の制服

気です。

受付を済ますと、エレベーターで五階にのぼるように指示されます。エレベーターを降りた少し先に展示室があります。

中世以降の各時代の郵便配達人の服装やポストが展示されています。日本の郵便ポストの色は普通は赤ですが(速達用の青もある)、パリではここに展示されているように赤、青、黄色など多様な色彩、形態のものが使われていました。当時の風俗画に描かれた郵便配達人は女性にもてたようです。一八三〇年に製作された絵画には、制服を着用した郵便配達人が数人の女性に囲まれている様子が描かれています。また郵便配達人は馬に乗っていたようで、それを示すブロンズ像や、乗馬に必要な馬具や鈴をつけたベルト、皮製の長靴などの装備も併せて見ることができます。一八四五年当時の制服は、黒を基調とし、赤色のベストと襟が縫い付けられた派手でおしゃれなものでした。その右胸には誇らしげに郵便局員のバッジがついています。郵便配達人の制服は中世の貴族のお洒落着といっても通るほどの衣装です。

その制服も、時代の変化、季節の変化に合わせて変わっていきますが、その変化の状況もつぶさに見ることができ、服飾の勉強にもなりそうです。

郵便を届けるための輸送手段として馬車が用いられたことがミニチュアの模型でわかります。四頭だての幌馬

■色も形もさまざまな郵便ポスト

車が急いでいる様子も一八四〇年制作の絵画などに描かれています。このほか、当時の手紙が展示されていました。

電報も手紙などとともに重要な通信手段ですが、一八六〇年製作のモールス信号通信機械や、かつての郵便局の様子がジオラマで展示されています。さらに、郵便の輸送に用いられてきた飛行機や列車、馬車などさまざまなものが、実物や模型で展示されています。

とりわけ注目されるのは一八六七年、一九二六年の郵便列車です。この列車は手紙の仕分けを車内で行うという優れもので、一方の面には仕分け用に区切られたボックスが設備されており、仕分けされたものから郵便袋に入れていく様子も復元されています。

輸送手段としては船もあります。帆船と蒸気船を組み合わせたものが一八七三年には就航していたようで、模型を見ることができました。

一九四三年に刊行された童話『星の王子様』は、砂漠に不時着した飛行士とほかの星からやってきた王子との心の交流を、簡潔な文章と愛らしい挿絵で描いたものです。作者のサンテグジュペリは、もとはフランスの郵便輸送飛行機のパイロットであったということをご存知でしたか？　彼は第二次世界大戦では偵察機のパイロットとして従軍しましたが、コルシカ島の飛行場を飛び立ってから行方不明になりました。近年、地中海から彼の搭乗していたP38飛行機が六〇年ぶりに発見され、引き揚げられました。星の王子様の長い旅からの帰還でした。

この博物館の展示で最も注目したのは切手に関する部分でした。精密な文様のデザインや印刷原版の製作工程など、普段知らないことが多く、大変な苦労であることがわかります。

切手は世界中に蒐集家がいます。精密な絵画デザインを元に印刷された切手は美術品と言ってもいいくらいです。デザインから印刷の版下製作の過程をビデオとパネル、さらにはジオラマ模型や実物などで解説しています。

郵便は早く正確に届くというのが使命です。このため、馬車や列車、あるいは航空機というように交通機関の発達とともに、その輸送手段も変化してきました。ただし戦時下では、それらの交通手段が全く使えなくなり、代わりに活躍したのが鳩でした。

「伝書鳩」で知られていますが、これは鳩の帰巣本能を利用した方法で、多くの鳩が伝書鳩として飼育されてきました。その歴史や郵便輸送との関連、あるいは鳩の身体に装着した郵便入れなどの道具類などが、当時の状況を伝える写真パネルとともに展示されています。何度も階段を上下しているうちに、自分がどの階にいるのかわからなくなってしまいそうです。通路にもパネルが貼られており、密度の濃い展示となっています。

展示室を夢中で見学しているうちに、自然と階段を下りてきたようです。気がつくともう出口の表示です。

出口の片隅に小さなミュージアム・ショップがありました。郵便の歴史を綴った書籍や玩具、郵便事業のロゴマークの入ったボールペンや鉛筆、消しゴムなど文具を中心としたミュージアム・グッズが販売されていました。

エッフェル塔
Tour Eiffel

セーヌ河

パリの観光スポットといえばエッフェル塔と凱旋門を思い浮かべる方が大半ではないかと思います。

昼の太陽が照っている時間帯に塔へのぼると、パリの市街地のパノラマが一望され、この街がセーヌ河沿いに開けていったことや、凱旋門を中心に街路が設定されていることなどがわかります。またスポットライトが塔全体を照らし出し、イルミネーションが点灯する夜のエッフェル塔からはパリの夜景が楽しめます。

RER. C線
シャン・ドゥ・マルス・トゥール・エッフェル駅

■エッフェル塔　手前の川に

エッフェル塔は一八八九年、フランス革命一〇〇周年を記念してこの地域を会場に行なわれた第四回万国博覧会の際に建てられたものです。設計はコンクールで、応募者約七〇〇人の中から選ばれたギュスターヴ・エッフェルの作品です。エッフェル塔の一角に金色に塗られた彼の胸像が飾られています。

鉄骨技師だったエッフェルは、むきだしの鉄骨を用いた斬新な塔を設計しました。高さ三二一メートルの塔は、建築当初はパリの美観を損ねるということで、多くの文学者や知識人によって非難され、文化人の中にはパリ郊外に移り住んだ人もいたほどでした。せっかく採用された斬新な作品も「金属製のアスパラガス」と揶揄されたりしました。

結局、一九〇九年には取り壊すという条件がつきました。つまり完成から二〇年間という期限付きで建築されたのです。しかし、科学技術の発展は目覚しく、エッフェル塔にも救いの神が現れました。発明されたばかりの無線電信の送信アンテナに利用できることがわかり、取り壊しを免れることになりました。

かつては邪魔者とされた鉄の塔も、いまやパリの象徴であり、観光名所の重要なスポットとなっています

「フランスの歴史を知る」ためには こんな博物館もあります

Musée Clemenceau
クレマンソー記念館

▼メトロ6号線　パッシー駅

ワイン博物館からあまり遠くない街路に面した建物に、祝日でもないのにフランス国旗が掲げられていました。近づいて見ると、そこは十九世紀から二十世紀にかけてフランス首相を務めジャーナリストでもあったクレマンソーの晩年居住していたアパルトマンでした。ここは彼を記念する施設として公開されており、寝室や食堂など、居住していた当時の姿のままで見学することができます。

Maison de Victor Hugo
ヴィクトル・ユーゴー記念館

▼メトロ1・5・8号線　バスティーユ駅

「レ・ミゼラブル」の作者として著名なヴィクトル・ユーゴーが一八三二年から四八年までの十六年間居住した家を博物館として公開したものです。代表作の「レ・ミゼラブル」の構想はここで立てられたとされています。

館内には、彼の原稿類や自筆の絵画などのほか、日常品などの遺品が展示されています。

Musée l'Histore de France
フランス歴史博物館

▼メトロ11号線　ランビュート駅

十八世紀初期の貴族の居館として建築されたスービーズ館が博物館となったものです。建物内部はロココ調の豪華な装飾が見られます。フランスの歴史に関する史料、ナポレオンの遺言、ジャンヌ・ダルクの手紙など古文書を展示しています。

Musée des Monuments Français
フランス文化財博物館　現在休館中

▼メトロ6・9号線　トロカデロ駅

ショイヨ宮の東翼に位置する博物館で、フランス各地の聖堂・教会などの文化財を紹介しています。一九九七年の火災のため、現在改装工事中です。

Maison de Balzac
バルザックの家

▼メトロ6号線　パッシィ駅

フランスの誇る文豪バルザックが一八四〇年から一八四七年にかけて居住した家です。室内には彼の自筆の原稿や手紙、あるいは写真などが展示されています。

Musée de la Monnuie de Paris

貨幣博物館

▼メトロ4号線　サン・ミシェル駅

ルイ十五世の時代、造幣局として十八世紀末に建築された建物を用いています。貨幣の歴史を知ることができる施設で、十六世紀から現在までの貨幣が展示されています。近年ユーロに統一されたため姿を消したフランも展示されています。

Musée Opera

オペラ座博物館

▼メトロ3・7・8号線　オペラ駅

オペラ・ガルニェ（オペラ座）内にある小規模な博物館です。オペラ座に関するさまざまな資料を展示しています。図書館を併設しています。

Palais Royal

パレ・ロワイヤル

▼メトロ1・7号線　パレ・ロワイヤル駅、ミュゼ・ド・ルーヴル駅

かつての宰相リシュリューの建てた城館でしたが、彼の死後ルイ十三世に寄贈されます。一六四五年に五歳のルイ十四世がルーヴル宮から移り住んだことからパレ・ロワイヤル（王宮）と呼ばれるようになります。その後、オルレアン家の所有になり、十八世紀後半には庭園を囲んで住居や庭園が作られました。まもなくこの地はパリ随一の歓楽街となり、革命の時期には市民の溜り場ともなりました。

2 考古学・人類学・民俗学・民族学の博物館

考古学博物館
民俗民芸博物館
ギメ美術館
アフリカ・オセアニア民芸博物館
アラブ世界研究所・美術館

フランスは考古学分野では世界中でも最も進んだ国とされています。

先史時代から近年までの地下から出土した遺物を中心に展示されているのが考古学分野で、人類を中心に据えての博物館が人類学分野の博物館です。

またフランス国内の田舎の習俗や世界各国民族の遺産を集めているのが民俗学・民族学分野の博物館です。

とくにフランスは東南アジア諸国を植民地として統治していたこともあり、それら地域の歴史遺産への関心が高いようです。

考古学博物館

Musée des Antiquités Nationales

■考古学博物館（サン・ジェルマン・アンレー城）

サン・ジェルマン・アン・レーのRER地下駅のエスカレーターをのぼりつめると、すぐ左側に古い城が目に入ります。この城が考古学博物館です。

この博物館は、中世のサン・ジェルマン・アン・レー城を利用しています。十二世紀にルイ六世によって築かれた要塞がこの城の歴史のはじまりで、その後、フランソワ一世が現在見るような形の城に変えました。

ルイ十四世は、この地に生まれ幼少期をここで過ごし、さらにここで洗礼も受けています。王位についた彼はヴェルサイユ宮殿の建造中に半年間この城で暮らし、やがてヴェルサイユ宮殿が完成すると、この城の補修改築工事に取りかかっています。

さらにこの城の改修は、ナポレオン三世によっても行なわれています。

RER. A－1号線
サン・ジェルマン・アン・レー駅

その契機となったのは一八五五年のイギリスのヴィクトリア女王の訪問でした。女王は、十七世紀にこの城に一時期滞在したスチュアート王家の人々の足跡をたどるために、はるばるとこの地にやってきたのでした。

やがて一八六二年四月八日には政令で、ここにケルトとガロ・ロマン古美術の博物館を設置することに決定し、博物館の第一歩が始まりました。

ところで、フランス北西部のボルドーは、フランスAOCワイン、すなわち公的に認められ、産地名を表記できる最高級のランクに位置されるワインの四分の一を占めており、良質の葡萄が成育する地域として知られています。このボルドーから東へ約一五〇キロのところに人口わずか数千人の小さなモンティニヤック村があります。この村は特に注目される産物もない、ごく普通のフランスの田舎町でした。ところが一九四〇年、穴に落ちた犬を探すために洞窟に入った少年たちが岩盤に描かれた壁画を発見したのです。このラスコー壁画が世界に知られるきっかけはこんな偶然の出来事でした。以来この地は、世界中の観光客が訪れる有名な地域となったのです。

壁画は一～二万年前に描かれたものです。描いたのはクロマニヨン人と呼ばれている、旧石器時代末葉の人類です。なおクロマニヨン人は一八六八年、フランス南西部のドーニュ県で最初に発見され、現在ではヨーロッパから北アフリカ地域に分布していたことが明らかになっています。彼らは現代の人類と同

■旧石器時代最後の技術（ランプ）

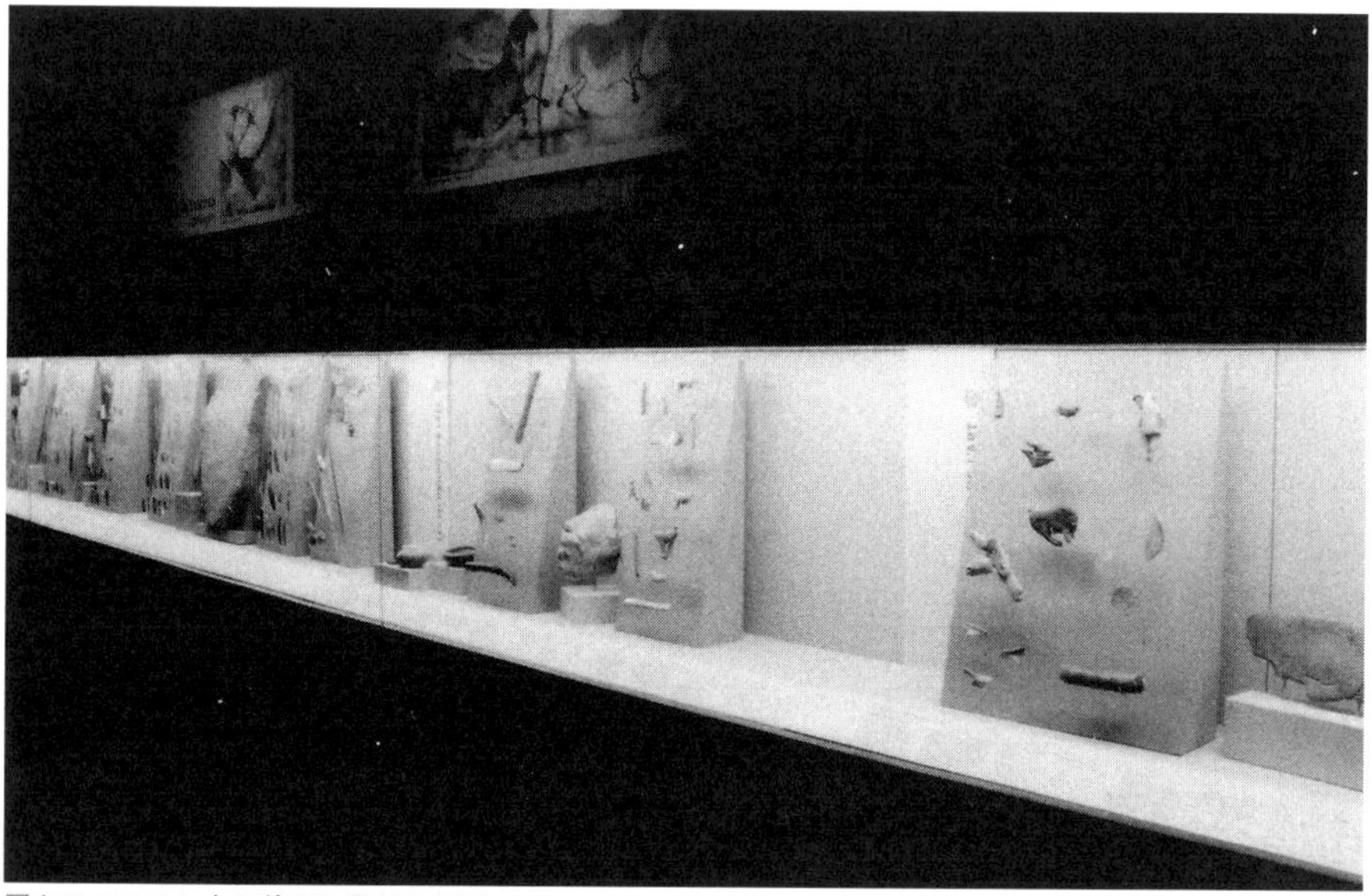

■クロマニヨン人の絵画と道具の展示

一種で、新人、即ち現在の人類と知能、身体が共通する人類、ホモ・サピエンスです。

考古学博物館は、フランス各地から発掘された考古資料を収蔵展示していますが、とくに、牛の壁画で世界的に有名になったラスコーの洞窟で発見された石のランプは必見です。今から二万年前フランスに居住していたクロマニヨン人は、日の差し込まない暗い洞窟の中で黙々と牛などの絵画を描き続けたのです。暗黒の洞窟内ではわずかにランプの火の明るさだけが頼りだったのです。彼らが描いた絵画は、カラー写真のパネルでケースの上方に展示されています。洞窟壁画を残した人々が使っていたと見られる石器などの道具類もケース内に展示されています

このほか、石器時代の遺物の定番である石鏃や石剣はもとより、石や動物の骨に彫刻された動物像やヴィーナス像などがあります。とくにマンモスの牙、すなわち象牙で作られた女性を表現した彫刻は見逃せません。それらは放射性炭素14法で今から二万年以上前の人類が作った作品であることがわかりました。女性は帽子をかぶっているようにも見えます。ペンダントと

■土人形

■象牙で彫られた女性像

して見れば現代美術工芸品としても大変お洒落ですばらしいものです。

土人形は日本の土偶を思わせる形をしています。紀元前四〇〇〇年に粘土を焼いて作られた土製品です。日本では縄文時代に相当する時期です。

考古学の歴史区分では、旧石器時代から新石器時代、青銅器時代さらに鉄器時代へと進化していきます。日本ではこのうち青銅器時代がきわめて短く、その存在すら認められないほどです。ヨーロッパ諸国ではこの時代の遺物が多く見られ重要な文化期を構成しています。

銅製品のコーナーでは、精錬し、鋳造していく過程、製品を作り出す工程の一部が展示されています。そこで使用された石で作られた銅器の鋳型が注目されます。それは紀元前一五〇〇～一二〇〇年のものとされています。さらに青銅器時代の後半のものでは、細かな細工の青銅製ペンダントや金製の食器や腕輪、指輪などの豪華な装飾品も見るべき展示品です。

ローマ時代のコーナーでは、フランス人の祖先であるガリア人が使っていたという黄金と七宝で作られた帽子（ヘルメット）なども見ることができます。当時の記録として、カエサル

■ローマングラスのいろいろ

（シーザー）の『ガリア戦記』が知られています。『ガリア戦記』は、紀元前五八年から五二年のガリア征服戦争の経過を記録した歴史書です。当時のガリアとゲルマニアを知るための史料として重要な書物で、全八巻で構成されています。カエサルの著作とされていますが、最後の一巻は部下のヒルティウが著したとされています。簡潔で的確な文体はラテン語文章の模範とされています。

当時この地域にいたガリア人はカエサル率いるローマ軍に敗北し、ローマの植民地となります。しかしこの敗北は、結果的にはガリアの工業化、都市化を促進し、繁栄をもたらすことになりました。この時期の文化を示す展示として鉄面があります。ローマ軍の騎士を表現した鉄と銅の合金で作られた面です。ローマ時代の西暦四〇年頃の製作とされています。ローマ侵攻後、この地域がローマ化していく過程が、ケース内の展示物から読み取ることができます。

床面に展示されている季節を表現したモザイクも注目です。それぞれの正方形の区画には、三世紀頃のサン・ジェルマン・アン・レー地域の四季の風俗が描かれています。文様はガラスと石で彩色され、モザイクの画面には木の実を

■四季の風俗を描いたモザイク

収穫している様子や何かを絞っている様子、臼で穀物を挽いている様子などが表現されています。このモザイク板は建物の床に敷かれていたのでしょう。

やがてゲルマン大移動によって、ガリアは西コート人に攻め込まれます。そうした時代の女性の服装、装身具も展示されており、時々の服装やアクセサリーに流行がうかがえて興味深いものがあります。

鎧や兜、槍や剣の装飾も時代の変遷とともに変化しています。鉄器が農業や工業に大きな発展をもたらしたのはいうまでもありませんが、鉄で造られた農具や工具のさまざまなものを見ることができます。

このほか、フランスやヨーロッパ諸国の考古学資料ばかりでなく、アジア地域などの外国の資料も展示されています。旧式のガラスケースに、アンダーソン土器とも呼ばれる中国先史時代の彩陶がいくつか並べられていました。洗練されたギメ美術館の展示とは一味違った味わいがあります。さらにケースの上部の空間には、かつて城であった当時の天井組み物の状態がよく見えています。

既に紹介してきたように、この博物館では石

■アジアの考古資料の展示

器時代のヴィーナス像の彫刻や大小さまざまな石器、骨角器、青銅器時代や鉄器時代の武器や武具、色彩や文様の豊かな土器など、考古資料に見るべきものが多く、来館者を失望させない内容です。

建物はかつての城塞の姿をよく残しており、城塞見学としても充分期待に応えてくれます。立ち入り禁止の表示があり屋上にはいけませんでしたが、窓からの景色も素晴らしいものでした。この城が小高い丘の端に築かれていることから、周囲の眺望は大きく開けています。

城の前方に拡がる広大な庭園は人影も少なく、左右対称のヨーロッパ式庭園は手入れが行き届いていました。庭園のテラスからは大きくパリの街並みやセーヌ河への眺望がひらけています。時間に余裕があれば、庭園の散策とセーヌ河の流れとパリ市街地の景色を楽しむのもよいでしょう。

2 考古学・人類学・民俗学・民族学の博物館

民俗民芸博物館

Musée National des Arts et Traditions Populaires

パリの北部にあるブローニュの森の中にある博物館です。

フランス革命前後の時代にフランス国内各所で農民や職人たちが使っていた農具、工具、家具、玩具等さまざまな道具類などを収集して展示しています。一九六九年に竣工した高層ビルで、外観からは豪華で近代的な博物館のようですが、内部はかなり違います。

入り口を入ると、初期の蒸気機関車の小型模型が展示されています。蒸気機関車とフランスの民俗民芸がどう関連するのか、これが最初に感じた疑問でした。

この博物館は、フランスの伝統的な工芸や伝承をただ展示して説明するだけでなく、生活様式、経済、社会的関係、技術の進化、伝説や信仰などについて科学的に、教育的に理解させることに意を尽くした内容を目指しています。

展示はジオラマを多用して、視覚的にかつての姿を再現して見せるようにしています。主食のパンづくりのジオラマでは、二個のオーブンでパンを焼いている状態が表現されており、オーブン内にはこんがりと狐色に焼けたうまそうなパンがぎっしり詰まっています。実際にオーブン内部を詳しく見ることはできないのですから、この展示は効果的です。

かつてのフランスの田舎町で着られていた儀式用の衣裳や正装衣装なども人形に着せられています。

民俗とりわけ民具といわれる日常の生活道具の展示は、日本で

■民俗民芸博物館

メトロ1号線
レ・サブロン駅

■パンづくりのジオラマ展示

■ロビーには蒸気機関車が

■フランスの田舎で使用されていた木製の民具類

も多くの博物館が手を焼いているのが実情でしょう。あるものをただ並べるだけでは単調で退屈な展示になってしまいます。しかし実際にどのように使われていたかを正しく理解させる展示はむずかしいのです。実はこれこそ学芸員の腕の見せ所でもあるのですが……。

この博物館は、ジオラマの多用という点で展示に充分工夫を凝らしていますが、広い博物館の中で観客が興味を持ち続けることができるかという点では、もっと工夫の余地があるように感じました。

広大な展示室内は自然光を遮断して完全な人工光線の照明になっています。これは展示品の照明を演出できるメリットになっています。また、展示品に近づくとセンサーが反応して点灯するところもありましたが、省エネルギーのためか全体的に薄暗いという印象はぬぐえませんでした。展示品の保護を意図したものであるのは充分にわかるのですが、博物館そのものの印象を悪くする要因となっていると思います。近くには年間数十万人を超える観客が訪れる動物園や遊園地があるのに……。

ギメ美術館
Musée Guimet

■ギメ美術館正面

メトロ9号線イエナ駅を上がると、そこはイエナ広場です。それほど広くはないのですが、大きな街路三本と小さな道二本が合流、交差しており、交通量は少なくありません。

この広場の北西部に面して建つ円形ドームのある建物がギメ美術館です。この美術館はフランスで最も多くアジア地域の美術品を所蔵し、展示しています。

フランス人実業家エミール・ギメ（一八三六〜一九一八）の父は染料関係の学者でした。父の工場を経営する傍ら世界各地を周遊してさまざまな美術品などを蒐集します。とくに当時の文部省から依頼され、世界の宗教を調査研究する旅に出ました。東南アジア各国を訪れ、一八七六年の夏には日本に到着しています。この時彼は、仏教を中心とする宗教画を約三〇〇点、彫刻六〇〇点をフランスに持ち帰りました。おりしも明治維新後の廃仏毀釈の混乱期であり、文化財保護が十分ではなく、多くの日本の貴重な文化財が欧米諸国に流出した時代でもあったのです。

ギメは、その時蒐集した美術品を一八八七年のパリ万国博覧会に出品しました。当時のパリの印象派の画家達

■美術館内の図書室

の間ではジャポニズムと呼ばれる日本ブームが流行していました。印象派のモネ、ルノワールなどの画家の描いた作品に浮世絵の影響があるというのも、そのためです。

やがてギメは、それらの美術品を中心にして、フランス郊外の街リヨンに宗教美術館をつくりました。やがて一八八八年にコレクションをパリに移転させ、その後フランス国家に引き取られます。

ギメ美術館は一九九八年から二〇〇〇年にかけて内装、展示を中心に大幅な改装工事を行いました。今回訪れた印象では、外観は改装前と全く変わらないものでした。イエナ広場に面して建つ円形の建物は威風堂々たる独特のもので、美術館というよりは古風な銀行の建物という風格です。

改修前に訪問した時は、雑然とアジアの美術品が並べてあるという印象が強かったのですが、今回大幅に改善されて見やすい展示に変わっていました。

館内は〇階から四階、日本流に言えば一階から五階まで展示室があります。床面には木材が用いられており、落ち着いた印象を与えるように配慮されています。また各フロアを

■日本の屏風が間近に見られる

つなぐ階段も、周囲とマッチするデザインが施されており、建物の内装だけでも十分見ごたえのある館に変貌していました。

入り口右側のエレベーターを利用して上の階から順次見ていくことにします。

三階は建物の円形部分にあたります。大きなスペースではないのですが、全体に極彩色の菊花を描いた中国磁器が中央ケースに、中国の祭祀を行う建物の象牙細工模型が展示室の端でそれぞれ展示されていました。ここから上のフロアへは階段でのぼるほかありません。階段をのぼるとそこは円形建物の最上階です。中国の螺鈿細工の屏風が二双、板の間状の展示台上に置かれており、監視人が一人座っていました。

二階におりると、中国、朝鮮、日本美術の展示があります。円形部分及び左側の建物のフロアの大半が日本美術の展示です。円形部分は中央部に沿って放射状に配置されたケース一個に浮世絵が三枚ずつ置かれています。その浮世絵は菱川師宣の一枚を除いてすべてが喜多川歌麿

■日本の仏像も触れるほど近くに

■人物埴輪

のものでした。この部分は頻繁に展示替えが行なわれているようなので、必ずしも同じ絵画であるかどうかはわかりません。

円形建物につづく展示室には、最上階と同じ板の間状の台に江戸時代の厩図屏風が数点置かれていました。ガラス越しに鑑賞するのではなく、実物を間近に見るということの重要性を改めて感じさせる展示法です。日本には寺院の博物館などで見かけることがありますが、博物館などでこのように展示しているところはほとんどないでしょう。

■東南アジアの仏像群

■楽人俑

■馬頭部俑

踊る神シバ神像

これらの屏風のほか、螺鈿南蛮櫃と南蛮屏風が、続いて左側建物の最初のケースには、北野天神絵巻（正式には「大政威徳天絵巻」）が二巻拡げられていました。この絵巻はこの美術館には全部で六巻収蔵されています。室町時代の天文七年（一五三八）の奥書があります。絵巻は紙本着色、すなわち紙に絵の具で書かれたもので作者は不明です。ギメ美術館のコレクションの中で奥書によって年次を知ることができる最も古いものです。このほか水墨画で有名な雪舟の作品や曼荼羅をはじめとする多数の仏教絵画などもコレクションに含まれています。しかし東洋の絵画は色あせしやすいことから展示の期間が限定されることが多く、常にこれらの作品が並べられているとは限りません。

さて建物の円形部分は二階から下は吹き抜けとなっており、階下に図書室があり、書棚には多くの本が配架されていました。

先の屏風が展示されていた日本美術のフロアには、刀の鍔、刀身、印籠、仏像（阿弥陀如来、聖観音ほか）、縄文土器、弥生土器、常滑等の土器・陶磁器などのほか、人物埴輪、銅鐸などを見ることができます。人物埴輪の人物は腰に剣をつけていることから武人埴輪で、形態の特徴から六世紀頃の作品と考えられます。

聖観音像は木彫の立像で、左手に蓮の花を持ち、右手を下に垂らし、わずかに腰を左にくねらせるという独特のポーズをとっており、蓮の花を型どった台上に据えられています。胴にはかつて全体を覆っていたであろう金箔が残っており、平安時代以降の作品と考えられます。この仏像展示もケース内ではなく、そのままの姿で配置されています。

改装前に訪れた時の展示と比較すると、このコーナーはとくに明るく見やすくなったと思います。展示ケースをはじめ展示物の解説板も、フランス語、英語、日本語と三ヶ国語の表記があり、語学が不得手なものにとってはありがたい配慮です。

円形建物の反対側が朝鮮美術です。金製の王冠や新羅土器から高麗青磁、李朝陶磁など陶磁器の展示が中心ですが、螺鈿をちりばめた豪華な家具も見ることができます。また右側の中国フロアでは、中国陶磁器の代表的な作品、例えば油滴天目等の陶器、龍泉青磁、越州青磁、影青、染付などがあります。それら磁器がケースに横一線に十数メートル並んでいるのを見るのは圧巻です。この他、漆器、木製品をはじめ、中国では欠かすことのできない玉製品のさまざまを見ることができます。

一階は中国古代、中国仏教、中央アジア（パキスタン、ネパール、チベットほか）のコーナーです。ここでは、中国先史時代の彩陶や越州青磁などの古代の土器、楽人や貴婦人、あるいは文人・武人を表現したさまざまな漢時代の俑や、緑色、黄色、白色の三色の釉薬が映える唐時代の唐三彩壺や鉢、あるいは墳墓の守護のため副葬された鎮墓獣などがあります。

中国漢時代の人物俑は、横笛や縦笛などの楽器を持っていることから楽人を表現したもので、同じようなものを大小いくつか見ることができます。中国ではこのような人物俑が数多く作られました。とくに表面に顔料で赤や白などの単純な配色の彩色を施したものも見られます。

また中国では実物に近い大きさの動物の俑が作られました。有名なものとしては秦始皇帝の兵馬俑があります。ここで展示されている馬の頭部も大きさから見て等身大に近いものと見られますが、胴体がどうなっていたのかはわかりません。この規模のものは製作段階で別々に作られることが多いので、このようなことになったのかもしれません。少し惜しいような気もします。

○階ではインド及び東南アジア関係の宗教美術とりわけ石造彫刻を多く見ることができます。とくに石造美術品には大型のものが多く、仏教関連の彫刻が目立ちます。方形の柱状の台上に石造物が置かれています。ともかく、これらの柱の合間を縫うようにして石造遺品を見学していきます。

銅製美術品なども十分に美的探求心を満足させてくれます。インドのコーナーでは、十七世紀の刺繍を施したカーペットや、十七世紀に作られた宝石をちりばめた鳥型のペンダント、さらには細密画と呼ばれる細かく描かれた絵画などがあります。またネパール、チベットについては十二世紀の経典、一二九二年の銘のある仏像、十六世紀後半のシバ神の面などが代表的なコレクションでしょう。シバ神像は青銅製で高さ九六センチあり、踊るシバ神の周囲に火炎が巡るという構図の十一世紀の作品です。メトロポリタン美術館などにも同様の作品が展示されています。

このほか中央アジア地域では、ガンダーラ美術の仏像、東南アジアでは小乗仏教の石仏も見逃せません。ここでも仏像そのものに触れるように鑑賞できますが、もちろん誰も触ったりはしません。

円形建物部分のエントランスホールの左側には、ミュージアム・ショップがあります。ショップ自体はあまり広くはありません。ガイドブックのほか、館内で展示されている美術品のレプリカやそれらをデザインしたネクタイやスカーフなどアクセサリーの定番商品と展示美術品に関する解説書や専門書も多く並べられていました。しかしほとんどがフランス語で、英語の本がごくわずかあるものの、日本語版は全くありませんでした。

アフリカ・オセアニア民芸博物館

Musée National des Arts d'Afrique et d'Océanie

■アフリカ・オセアニア民芸博物館

メトロ8号線ポルト・ドレーの駅前にある博物館です。駅を降りると、大きな金色に輝くアフリカ人の像が目に入ります。その像の背後にある建物が博物館です。道路を隔てて九九五ヘクタールの面積を持つヴィンセンスの森があり、家族連れでにぎわっています。

この博物館は都市学者ラブラードによって、一九三一年開催の植民地博覧会のためにドメニエル大通りに建てられた広大な建物です。一九三五年には海外フランス博物館となります。フランス文学・フランス美術の異国趣味、十字軍以来のフランス拡張政策の歴史、土着の芸術、フランスの人道主義的役割、熱帯水族館の五部門を通じて植民地フランスの啓蒙的使命を果たしてきました。

しかし、かつての植民地が次々と独立したこと、さらには時代的要請もあり、アンドレ・マルローはここを「アフリカ・オセアニア芸術博物館」と命名して、新たな出発をはかりました。かつて植民地であった国々の芸術と文明を知ることによって、ヨーロッパ近代美術における役割を認識できる機関の創

メトロ8号線
ポルト・ドレー駅

設を期待したのです。この博物館の主たるコレクションは、北アフリカ、西アフリカ、中央アフリカ、さらに南太平洋のオセアニア地域の美術および工芸品です。

博物館の一階ロビーには、壁画や置物に象などの動物が表現されており、簡単な木造の彫刻が展示されています。それらからアフリカ・オセアニアの雰囲気を感じ取ることができます。

訪問した時、広大な建物のうち、ワニなどの動物が生態展示されている地階の熱帯水族館だけが子供たちで賑わっていました。中央にワニのいる大きな円形の水槽が設置されており、椰子などの熱帯の植物が植えられています。熱帯の島をイメージしたのでしょう。円形の水槽の周囲にはガラス張りの展示水槽があり、珍しい熱帯の水中動物、魚類が飼育されています。

■地階にある熱帯水族館

■1階ロビー

しかし、コレクションの中心であるはずのアフリカ・オセアニアの美術品や工芸品のまとまった展示は見当たりませんでした。閑散とした一階のフロアには建物の図面や建物模型が展示されていました。

ロビーの半分程度を区切ってミュージアム・ショップがつくられています。アフリカ・オセアニアの動植物に関する書籍が置かれており、専門書も見ることができましたが、この博物館のガイドブックやカタログなどは置いていないという返事が返ってきました。

Institut du Monde Arabe

アラブ世界研究所・美術館

■アラブ世界研究所・美術館

セーヌ河に面した一角にある、独特なイスラム幾何学文様で周りを囲んだユニークな建物です。アラブ諸国に展開するイスラム文化を保護し、アピールするためのセンターとして設置されたものです。

この建物の設計者はヌーヴェルで、カルティエ現代美術財団の建物などを設計した人物です。一九八七年にオープンしたこの建物は、パリの現代建築を代表するものの一つとして評価されています。とくに外観に大きな特徴があり、採光に配慮し室内にはやわらかい光線が入っています。

外観の幾何学文様は、ムーシュ・アラビすなわちアラビア風の斑点と呼ばれるものです。それらは数千枚にも及ぶガラスを加工したもので、その独特な文様をもつ窓がユニークで、設計者がアラブ世界の伝統的な格子窓からイメージしたものとされています。

博物館の展示室は八階です。入口で厳重なセキュリティ・チェックを受けた後、入場券を求

メトロ7・10号線
ジュシゥ駅

■幾何学文様の外壁

めエレベーターでのぼります。そこでチケットのチェックがあり、展示室に入ります。

ここではイスラム圏諸国から収集された九世紀〜十九世紀の美術品や工芸品をコレクションの中心にしています。

まずはアラブ諸国の遺跡から出土した石造遺物の展示が続きます。アラブ諸国は遺跡の宝庫で、さまざまな石造彫刻をはじめ土器や陶磁器の出土品は各地の博物館でも多く見ることができます。他の博物館でのコレクションに比較すると意外に展示物が少ないように思えました。

絨毯や陶磁器のコーナーでは、堂々たる大きさの陶磁器や絨毯が展示されています。ペルシャ陶器およびペルシャ絨毯は世界的にも注目されているもので、独特な色彩の使い方は人々をひきつけるものがあります。

天文学に関する機材の展示もあり、かつてのアラブ地域がこの方面の学問で世界をリードしていたことを示すものとしても注目されます。

一階にはショップがあります。そこではイスラム関係の書籍、あるいはイスラム文様を施した品物が販売されていましたが、英語版の解説書などは全く見かけませんでした。

「考古学・人類学・民俗学・民族学」には こんな博物館もあります

Musée de l'Homme

人類博物館

▼メトロ6・9号線　トロカデロ駅

トロカデロ広場に面して立つ建物のうち、エッフェル塔から見て右手にあるのが人類学博物館が入っている建物です。入り口は海洋博物館と一緒です。

この博物館は一九三七年、古生物学と民族学のコレクションが万国博覧会のために改装されたシャイヨ宮に集められたことに由来します。これらのコレクションがトロカデロの旧民族学博物館と合わせられて人類学博物館が構成されました。この博物館は、他の博物館の多くが文化省管轄であるのに対して国民教育省の管轄になっています。

Musée d'Art et d'Histoire du Judaisme

ユダヤ芸術・歴史博物館

▼メトロ8号線　ランビュートー駅

この博物館には、東ヨーロッパ諸国と北アフリカ地域のユダヤ関係資料のレプリカおよび国立中世博物館に所蔵される中世期のユダヤ関係資料などを基に作られた美術工芸作品のレプリカをコレクションしています。

これらのコレクションから、中世から現代にいたるフランス、とりわけパリのユダヤ人社会の発展をたどろうとするものです。フランスにおけるユダヤ人の歴史については、とくに重点が置かれているようでした。

Musée Cernuschi

セルニュスキ美術館　現在休館中

▼メトロ2号線　モンソー駅

政治家、銀行家であったセルニュスキ邸を利用した美術館です。セルニュスキが収集した新石器時代以降のテラコッタ、青銅器、陶磁器および中国美術のコレクションを展示しています。

Musée Nisim de Camonde

ニッシム・ド・カモンド博物館

▼メトロ2・3号線　ヴィリエ駅

博物館の建物は一九一四年に建てられたニッシム・ド・カモンド伯爵の屋敷です。ヴェルサイユ宮殿のプティ・トリアンの建物の様式を模して建築されたものです。第一次世界大戦でなくなった子息の追悼のため国家に寄贈されました。一家の愛用していた家具やタピストリー、絨毯、銀製の食器やセーヴル陶器など当時の貴族の生活ぶりが理解できる博物館です。

3 科学技術・自然科学・産業の博物館

技術工芸博物館
自然史博物館
ラ・ヴィレット
グラン・パレ

フランスは科学技術の分野で世界中でも最も進んだ国の一つとされています。

例えば航空機の世界では、コンコルドという音速の旅客機の開発と製造に成功し、エアバスと呼ばれる機種は、アメリカのボーイング747や777などとともに日本や世界各国の航空会社で採用されています。

フランスの工業技術の高さはもとより、科学技術の普及にも大いに努力していることが、これらの博物館を見学することによって理解されることと思います。

技術工芸博物館（MAM）

Musée des Arts et Métiers

■教会の名残りをとどめる技術工芸博物館

サン・ニコラ・デ・シャン教会に隣接する建物が博物館です。教会風のドーム状の建物ですのでまちがえないようにして下さい。この博物館ではフランスの工業技術の発展、変革の過程を知ることができます。

この博物館の歴史をたどってみましょう。一七九四年、アンリ・グレゴワール神父によって、サン・マルタン・デ・シャン修道院に「有益発明登録所」が設置されました。これが後に国立技術工芸博物館になりました。十九世紀には科学精神の普及のための講座が開設され、万国博覧会にも参加し、フランスでは工業部門の研究分野で重要視される存在になっていきました。やがて博物館活動が停滞したことから二十世紀末には大規模な改装工事が始められ、二〇〇〇年三月に再び開館しました。

この博物館は元のサン・マルタン・デ・シャン修道院の施設内に設立されたことから、建物内外に宗教色を残していました。十九世紀に建物内部の大幅な改造や取り壊しが行われ、修道

メトロ3・11号線
アール・ゼ・メディエ駅

院の雰囲気はかなり消されました。しかしこの時、芸術性の高いゴシック建築の食堂と礼拝堂は保存されて、図書室と機械展示室になりました。冒頭で「建物が教会風」と言ったのはこの部分が残っているからです。

所蔵品は八万点、図面一万五〇〇〇枚という大規模なコレクションを擁しています。

展示室には、さまざまな工芸品や工業製品などが置かれています。科学技術に関しては、地球儀、発電機、科学革命に伴う機械類などが展示されています。続いて、木材や鉄という素材の加工技術に関する展示物が並びます。機織り機械は手工業から工業化される段階のものまで集められています。リヨン地方の絹織物など織物工業はフランスの主要な産業であり、織物機械の発展は欠かせないものでした。

ガラス工芸では、一九〇四年に制作されたエミリー・グレイの花瓶や台付鉢のほか、十九世紀に造られたガラス器、陶磁器などがあります。また、建築工事に伴うクレーンや足場組みなどの模型、十八世紀の活版印刷の道具や活字、一八四五年当時の印刷機械、一八四一年の写真機をはじめとするカメラ類、一八七七年の電話機なども展示されています。一九三一年に制作されたテレビ受信機などはフランスの工業技術の高さを示しているといえるでしょう。

産業革命と動力のコーナーでは、十九世紀初頭のジェームス・ワットの蒸気機関の模型が置かれ、一八六一年には道路用の動力としてガスエンジンが考案されていたことがわかります。一九一

■展示物はレールを敷いて移動する

■工業機械のコーナー

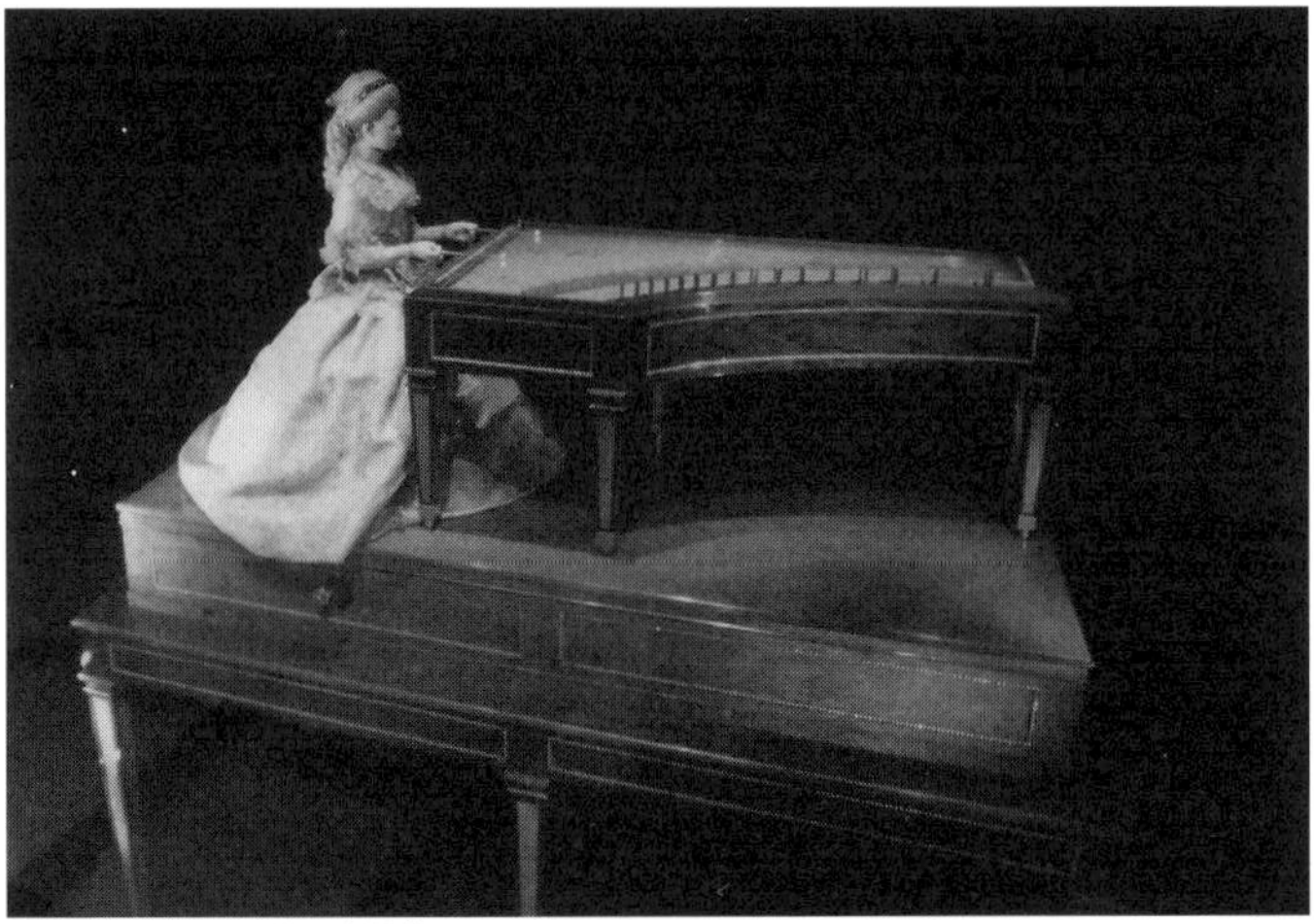

■ダルシマーを弾く女性像

二年には九気筒ロータリーエンジンが完成しています。

ところで、この博物館で展示されている工業機械の重量は並たいていではありません。そこで床にレールを敷いて台車ごと移動する方法が採用されています。展示室のフロアにレールが敷かれているのはこのためです。

このほか工業技術や工芸美術に関連する展示物が多く見られます。とくに博物館が解説書で「これは必見」としているものを紹介しておきましょう。

「測定機械」では、パスカルの計算機（一六四二年）、ラボアジェの実験室（十八世紀）、ベルトゥのマリンクロメーター（十八世紀末）、クレイ2型スーパー・コンピュータ（一九八五年）、「加工材料」では、ジャック・ヴォーカンソンの自動織機（一七四六年）、「コミュニケーション」では、タゲールの暗箱（一八三五年）、ベルの電話機（一八七七年）があります。さらに「エネルギー」では、ワットの蒸気機関（一七八〇年頃）、ボルタの電池（一八〇〇年）、グラムの発電機（一八七一年）、「機械」では、アレクサンドル・クレールの楕円歯車、「交通」ではドゥベルデユサンの単発機（一九一一年）、ミショー型自転車（一八六五年）などがあります。

最後に、これらの機械技術を用いたからくり人形、からくり時計の展示を見ることができます。一七八四年に制作された「ダルシマーを演奏する人形」は、貴婦人がダルシマーというピアノの前身といわれる楽器を演奏するもので、その背後にはオルゴールのような複雑な仕掛けが施されています。ただしこの展示室は廊

■自動車や飛行機まで展示

■自由の女神像

下の隅にあり、扉が閉められているとわかりにくいので、係員に遠慮なく尋ねて下さい。言葉がわからなくてもパンフレットを指させばだいたい通じます。

円形ドーム部分の内部には大きな空間がありま す。天井からは大きな振り子が下げられています。これはフーリェの振り子と呼ばれ、この振り子がヒントとなり地球の自転を発見したそうです。また大きなホールの展示室には、階段状の展示用の棚に、実物のクラシック自動車が載せられており、階段ホールの空中には一八九七年に復元されたアデルの蒸気飛行機が吊り下げられています。

さらに、あまり目立ちませんが、自由の女神のブロンズ像も置かれています。この像はオーギュスト・バルトディによって作られた模型です。また、自由の女神像建設工事の足場組みや作業風景がジオラマ模型で示されており、これは興味深いものです。アメリカの独立記念日にフランスから贈られた自由の女神はニューヨークのシンボルとなっていますが、かつてはこのフランスで原像が製作されたのです。

整備された植物園前の庭園

自然史博物館

Musée National d'Histoire Naturelle

ルイ十三世によって一六二六年に開設された王立の薬草園は、現在では緑地公園となっています。敷地は二四万平方メートルという広大なものです。

この中には植物園、大温室、進化大陳列館を含む国立自然史博物館、そして五・五ヘクタールの動物園があります。

植物園の南端に沿って建つ四つの建物が自然史に関する施設で、これらを総称して自然史博物館と呼んでいます。この博物館は一七九三年国民公会による政令によって創立された国立自然博物館からの伝統を引くものです。

とりわけ十八世紀以来の伝統を有する鉱物館には、世界各地の珍しい鉱物標本や宝石類の実物が展示されています。このほか古生物館では、多くの化石類などを見ることができます。植物園とは反対側に東西に並んだ建物があり、地質学（鉱物）標本、化石標本などが収集保管され、公開も行われています。レンガづくりの建物の外側から室内の様子がうかがえ、恐竜の骨格標本が展示されているのがわかります。

一九九四年に大改修を終えて開館した進化大陳列館は、かつては動物学に関する資料を展示する施設でしたが、現在では、動物の進化の過程を多くの剥製標本やパネル、映像によって子供たちにもわかりやすいように展示しています。

メトロ5・10号線、RER.C線
ガール・ドステルリッツ駅

外部から見える恐竜の骨格標本

地階から突き抜ける恐竜の骨格標本

動物たちの行進

入り口を入ると、地階からのびる大きな骨格標本に驚かされます。四階をこえて屋根まで吹き抜けの空間があり、一階フロアの中央の対角線に沿って斜めに、象、キリン、シカなどの大小の哺乳動物の行進風景が目に入ります。動物たちの行進はこの吹き抜けを用いて雄大に展開されています。一方が他方を捕食する関係にある動物や、居住圏が微妙に異なる動物が一緒に行進しています。つまり、この行進は現実にはありえないものなのです。あまりにスケールが大きいためにそれらの動物の剥製も小さく見えますが、近くに寄らなくてもその迫力は伝わってきます。動物園で見る生体展示とは異なる魅力があります。

建物の外観は、伝統的な形態をそのまま残して内部のみを大きく改築したとのことですが、その結果、世界にも類を見ない迫力ある動物学の専門博物館となりました。

動物学上の進化の過程を化石や模型で詳細に解説することも忘れてはいないようです。またコンピュータ世代に対応したビジュアルな装置も多く配置され子供たちが群がっています。クイズ形式で勉強できるように配慮されており、教育面での整備も進んでいます。このように、低年齢層の観客を大事にすることは重要で、彼らはおそらくリピーターとして、再三、再四この博物館に足を運ぶことでしょう。

ラ・ヴィレット
La Villette

■科学・産業シティ館の正面玄関

総面積三五ヘクタールという広大な敷地を持つラ・ヴィレット公園は、ベルナール・チュミの設計により一九九三年にオープンしました。この公園には科学・産業シティ館、音楽シティ館、児童シティ館、プラネタリウム、アルゴ潜水艦、ジェオードなどの施設があります。

科学・産業シティ館
Cite des Sciences et de l'Industrie

メトロを降りると白色の壁とブルーの鉄骨という独特なデザインの建物が眼前に拡がっています。これが科学・産業シティ館です。

入り口のチケット売り場でカルト・ミュゼを提示すると入場券と換えてくれます。エスカレーターで二階に上ると、そこではサイエンス（科学）・テクノロジー（技術）・エクスプローラー（探検）をテーマにしてさまざまな展示が繰り広げられています。

医療、健康、生物学、通信技術などのコーナーがあ

メトロ7号線
ポルト・ラ・ヴィレット駅

■植物栽培のための給水管の中を金魚が泳いでいる

りました。例えば「人体」のところでは、「髪」をテーマにした展示が行われていました。標示パネルに「髪毛」と日本語で書かれていたのには驚きました。実験室でインストラクターが髪についてのレクチュアを行っており、子供たちに混じって、やや髪の毛に心配のある方が熱心に聞き入っていました。

生物学のコーナーは、植物の栽培技術が中心です。土栽培ではなく特殊な素地での植物栽培や、バイオ技術を駆使した水栽培では、プチトマトがたわわに実をつけています。これらの栽培には水が必要なのです。給水管には太い透明なプラスチックが使われ、その中では金魚が泳いでいました。

植物生態についても、実際に育成している様子を見せたり、乾燥させて押し花のように標本にした形で見せたりしています。乾燥状態の標本はまとめて整理されており、表紙の板を取るとその植物を見ることができるようになっています。

ラジオやテレビなどの通信機械の発達も見ることができます。録音技術の変遷では、当初は幅の広い磁気テープで行っていたのが、徐々に幅も狭くなり、かつ容量も大きくなっていったことがよくわかります。レコードやCDの発展過程、テレビなど映像技術の発展も解説されています。最近の博物館はビデオに頼った展示が多くなっていますが、ここではむしろ少ないくらいで、あっても効果的に使

■ジェオードはまるでUFO

われています。
　自動車の進化など工業製品や現代科学の過去、現在、未来が子供たちにも楽しみながら理解できるように配慮されていました。
　館外には大パノラマ映画館（ジェオード）の半球状の建物が銀色に輝いていましたが、時間の都合もあり訪問できませんでした。またジェオード側の公園内には赤く塗られた奇抜なデザインの展望台がありましたが、周囲の植栽や周りの建物が邪魔になり、美しく広大に広がる眺望はあまり期待できません。

Musée de la Musique

音楽シティ館

　ラ・ヴィレットの一角、科学・産業シティ館とは反対側にある施設で、赤色に塗られた斬新な建物が目印です。一九九七年に完成した博物館です。かつて国立音楽院コンセルヴァトワールの構内にあった楽器博物館の楽器を中心に九〇〇点余を収蔵しています。その中には世界的な名器とされる楽器も含まれており、この方面に関心のある方は必見でしょう。また最新の音響技術を用いて十七～二十世紀の音の世界へいざなってくれるのも魅力です。

Grand Palais
グラン・パレ

■グラン・パレ

一九〇〇年に行われた第五回万国博覧会の際に、プチ・パレとともに主会場となった豪華な宮殿建物です。万博の時には、この建物がメイン会場となってフランス美術一〇〇年回顧展が開催されました。現在この建物は、展示会用ギャラリー、パリ第四大学として使われています。また、発見の殿堂と呼ばれる科学博物館にもなっています。

Palais de la Découverte
発見の殿堂

グラン・パレの一角にある科学博物館です。地球科学、天文学、生物学、薬学、コンピュータ科学、化学、数学などの分野にわたっての展示が行われています。三・〇五ユーロ追加するとプラネタリウムの上映が楽しめますが、フランス語での解説しかありません。

メトロ1号線
シャンゼリゼ・クレマンソー駅

「科学技術・自然科学・産業」には こんな博物館もあります

Musée de S.E.I.T

タバコ・マッチ博物館

▼メトロ8・13号線　アンヴァリッド駅

セーヌ河に沿ってアンヴァリッドの先約二〇〇メートルのところにあります。専売局（S.E.I.T）の建物に隣接した小さな博物館です。

Observatoire de Paris

パリ天文台

▼メトロ4・6号線、RER、B線　ダンフェール・ロシュロー駅

パリ天文台の歴史は、ルイ十四世が天文台の必要を迫る科学者たちの意見をいれて建設した王立天文台にはじまります。王立天文台は五年の歳月をかけて造られました。この天文台は世界でも最高級の天文研究施設で、海王星の発見や月面図の作成など、天文学史に残る成果をあげており、今も現役で稼動している施設です。

Jardin des Plantes

植物園

▼メトロ5号線、RER、C線　ガール・ドステルリッツ駅

一六二六年にルイ十四世によってはじめられた王立薬草園の系譜を引く植物園です。高山植物園や熱帯植物園温室などの施設があります。

Menagerie du Jardin des Palantes

植物園付属動物園

▼メトロ5号線、RER、C線　ガール・ドステルリッツ駅

一七九四年に造られた比較的古い時期に造られた動物園です。一八七〇年にプロシヤ軍によってパリが包囲された時は、飢餓に苦しむパリ市民がここの動物のほとんどを食べてしまったという話が残されています。

Musée des Égouts de Paris

パリ下水道博物館

▼RER、C線　ポン・ド・ラルマ駅

現在も稼動している下水道の施設を利用した博物館です。売店（キオスク）の形をした建物内にある長方形のマンホールが入り口です。未処理の下水が流れるのを足元にしながら、パリの下水処理システムの発展を悪臭と共に見学します。

4 軍事・武器の博物館

軍事博物館（アンヴァリッド）
海洋博物館
狩猟博物館（ゲネゴー館）
レジョン・ドヌール宮（勲章博物館）

フランスは、他のヨーロッパ列強と共に多くの戦争を経験してきました。とくにナポレオンの時代には、その栄光と挫折を味わっています。

しかし世界各国の中でのフランスの影響力はなお衰えを見せないばかりか、一層の強大国となっているようにも思えます。

フランスの軍事関係の歴史や栄光の歴史を直接的に物語る博物館、あるいは武器や武勲などをたたえた歴史を見ることができる施設です。

■アンヴァリッド全景

Invalides
軍事博物館（アンヴァリッド）

パリでもっとも豪華な橋であるといわれるアレクサンドル三世橋から望むと、建物は左右対称で中央に大きなドームがそびえています。この建物はアンヴァリッドとも呼ばれています。中央のドーム上の建物が教会で、地階にナポレオン一世の柩が収められています。アンヴァリッドとは「廃兵」という意味です。

この施設は、一六七〇年にルイ十四世が戦傷兵のために作った療養施設なのです。ちなみにこの建物を設計したのは、リベラル・ブリュアンという人物です。現在、療養所は縮小されていますが、なお一〇〇名前後の退役兵が療養生活を送っているとのことです。

正面のドーム状の建物の中央部分は豪華な教会となっています。マンサールの設計で、バロック様式と古典様式が調和した傑作とされています。この地階にナポレオン一世の赤大理石の柩が置かれています。周囲には手すりがあり、そこから柩を見おろせますが、地階まで階段を下って見ることもできます。地下祭壇の後ろ入口には、ナポレオン一世の遺言「余が深く愛したフランス国民に囲まれてセーヌの畔に憩うことを願う」が刻まれています。

メトロ8号線
ラトゥル・モブール駅

アンヴァリッドのドーム近景

日本人には、人目につく場所に柩を安置するというのは違和感があるかもしれませんが、キリスト教圏ではよくある風景です。とはいっても、教会や聖堂の内部に納められているのがほとんどです。

ナポレオンの柩から右側に進むと、そこは軍事博物館です。古代以来の武器、武具が展示されています。とくにフランス中世に用いられていた鎧・兜や盾や槍、剣、刀、弓矢などの武具がガラスケースの中にこれでもかといわんばかりに納められています。フェンシングを楽しんでいた友人がいたこともあって、展示品の剣には関心がもてました。武具や武器に関心のある方には満足できる内容でしょう。

槍や刀、弓などの武器の展示から鉄砲の世界に展示物が変わります。引き金を引くと玉が飛び出し相手を殺傷する道具にすぎないと簡単に考えていると、その考えが大きく変わります。鉄砲にもさまざまな大きさがあることもそうですが、単に相手を殺傷するためだけであれば、これほどの装飾はいらないだろうと不思議に思うほど多様な装飾が施されたものが展示されています。装飾だけを見ていると、なかなかお洒落な武器が多いのに驚きます。

ここのコレクションは砲兵隊中央委員会の指示によって、将校のレニエが一七九六年から収集にとりかかりました。そのコレクションは、サン・ドミニク通りのサン・ダカン修道院に集められ、一八七一年に現在のア

■軍事博物館の中庭

ンヴァリッドに移されました。そして一九〇五年、ラ・サブルタッシュ協会が収集してきたコレクションと統合され現在のコレクションとなっています。

軍事博物館のコレクションは、フランスのみならず、あらゆる国の時代、兵器システムのすべてが収集されたとされています。いわば軍事の百科全書的な博物館ともいえます。

一七八九年七月一四日フランス革命の時、民衆がこの施設の武器庫から二八〇〇挺もの銃を奪ってバスチーユに向かったという歴史もあります。つまり、ここにあっ

■ナポレオンのひつぎ

た武器類はすぐに使える状態にあったということになり、これも驚きです。

ナポレオン一世に関する資料については見逃せないものです。彼が身に付けていた剣や軍服をはじめとする遺品類、さらにデスマスクや死亡したセント・ヘレナ島でのナポレオンの寝室まで再現されています。

中庭には大小さまざまな大砲がさりげなく置かれています。展示品の一つなのでしょうが、あまりにも他のコレクションと扱いが違います。中庭正面奥にはサン・ルイ教会があります。この建物もマンサールの設計によるもので、単純な中にも荘厳さを持った建物です。教会内部の天井近くに並ぶさまざまな国の軍旗は、フランス軍が交戦した敵から奪った戦利品とのことです。

海洋博物館

Musée de la Marine

■海洋博物館

入り口は、人類学博物館と同じです。館内は、入り口では想像できないほど広く、立派な博物館でした。展示内容は文字通り海洋に関するもの、すなわち動力を風に頼っていた帆船やヨット、蒸気船や近代的な客船や貨物船、さらにはフランス海軍の艦船などの模型がケース内に多数展示されています。順路にしたがって見ることにしましょう。

まず多数の奴隷などによって推進力を得ていた時代の船舶の紹介です。この時代の船には趣向を凝らした装飾が付けられています。時代の経過とともに、風力による推進力を重視する帆船が登場し、また大砲などを設備した帆船も見られるようになります。やがて蒸気機関による船舶が開発され、この世界も大きな変革が訪れます。従来の帆船と蒸気船を折衷した船舶もこの頃に見られました。

訪れた時の特別展示は、豪華客船のク

メトロ6・9号線
トロカデロ駅

■船舶模型の展示

ィーン・メリー二世号の紹介展示でした。この豪華客船は、フランスの大手造船会社アルストム社が総工費八億ドル（約八五〇億円）で建造するもので、造船国フランスの面目躍如たるものがあります。全長三四五メートル、高さ四一メートル、総トン数は一五万トンで、最大時速は三〇ノット（時速約五六キロ）、乗務員は一二五八人、乗客数は二六〇〇～三〇九〇人です。

解説書では、世界的にも有名な豪華客船の、建造にいたるまでの歴史を明らかにしています。例えばクィーン・メリー二世号のデザインは一〇〇人もの技術者によって一年間かけて詳細なものを作成しました。さらに再三、再四ソフトウェア・プログラムをたち上げて、それらをシミュレーションして完成させたのだそうです。この歴史と栄光を説明するパンフレットは、小型で横長の乗船券に模して作られています。またこの客船では3D画面の映像を楽しむことができ、メインダイニングルームには一三五〇人の席が用意されていること、五つのプールがあり、その一つは室内にある大規模なものであること、加えて病院まで設備されていることなどを知ることができます。

クィーン・メリー号のほかにも多くの商船の模型が並べられています。

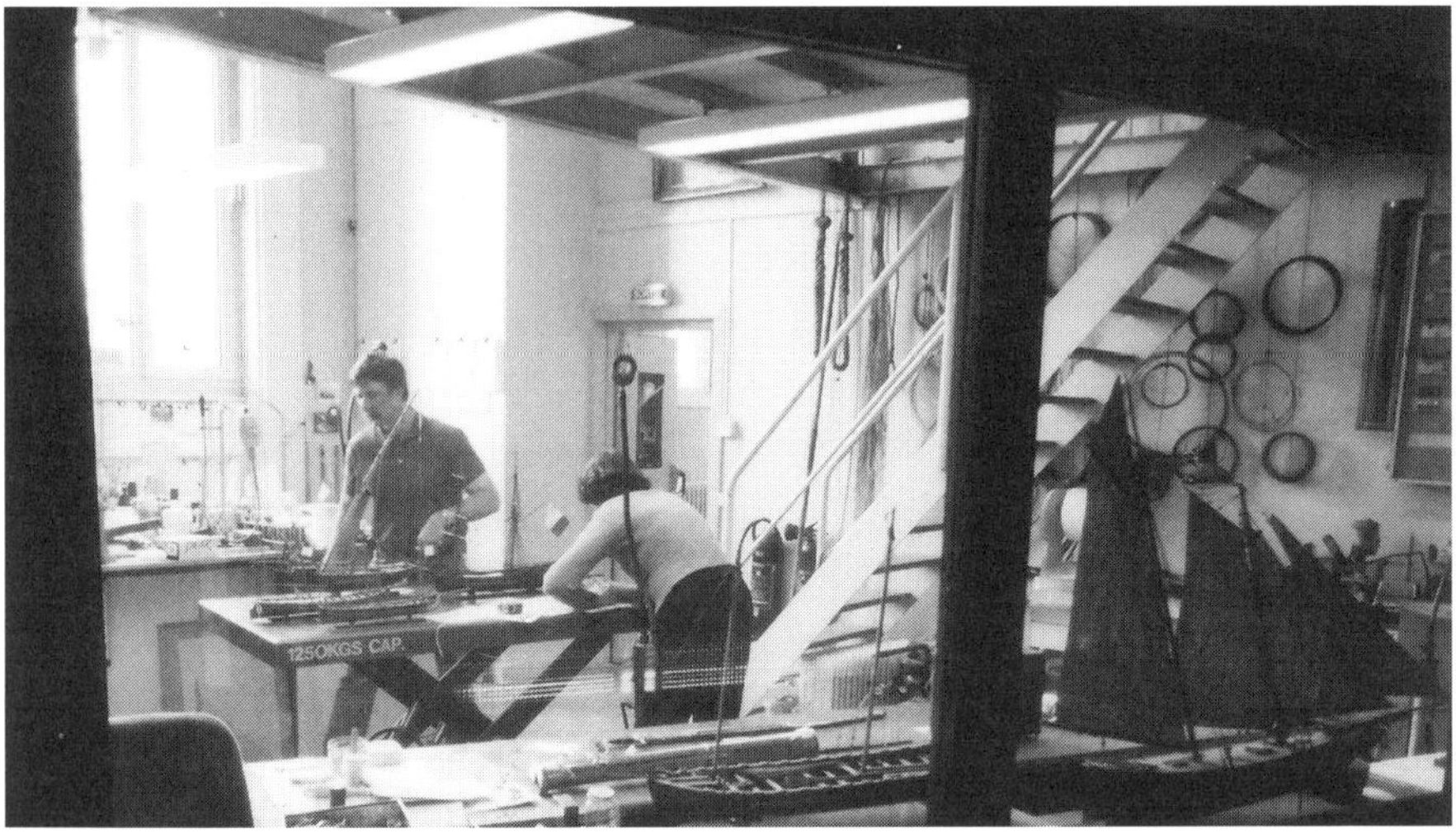

■模型を修復する部屋もある

クィーン・メリー号については、二〇〇四年一月八日イギリスの港湾都市サウサンプトンでエリザベス・イギリス女王臨席のもと命名式典が行なわれ、一月一二日にはアメリカ・フロリダ州に向けて、初の航海に出ました。

船は今では主たる交通機関とはいえなくなっていますが、豪華で華麗な旅といえば、ゆったりとした船旅でしょう。

かなりの数の船舶模型の展示も充分に楽しめます。子供の頃にお小遣いをはたいてプラモデルを求め、それを無事につくりあげた感動を思い出す方もおられるでしょう。このコーナーでは、フランス海軍の戦艦、潜水艦などさまざまな形態の艦船模型を見ることができます。さらに、近年のフランス海軍を代表する艦船の模型も並べられており興味が尽きません。

この博物館には、展示室ではない部屋があります。奥まった部分にあり、周囲をガラス張りにしたこの部屋には、作業台と道具類が置かれています。ここは船舶模型の修復を行う部屋です。子供たちがガラスに張り付くように熱心に作業を眺めていました。

「海の下で働く」のコーナーでは、潜水作業の器具が展示されています。ダイビング・スーツは金属製のマスクと靴がかなりの重量になりますが、水中では浮力があるので、それほど負担は感じないようです。金属のマスクには上下左右、正面に円形の窓が取り付けられており、プラネタリウムの先端のような形をしています。「潜水艦」のコーナーでは、一九四八年にピッカード教授によって建造された最初の潜水艦バチスカーフの模型を見ることができます。最も古い潜水艦は十六世紀に遡るようで、一七七六年のアメリカ独立戦争ではイギリスの戦艦として使用されたようです。潜水艦の断面を示す模型も展示されており、構造がよく理解できます。

発見の航海と船のナビゲーション器具のコーナーでは、船舶の操舵に必要な羅針盤やさまざまな計器、小道具類のコレクションが見られます。天測機や、王冠の内部に仕掛けられた羅針盤なども見ものでしょう。そのデザインも斬新で現代でも充分通用するのではないかと思いました。

また船舶に関する図書、写真資料、図面も多く収集されています。一九一二年から一九二九年にかけて博物館の副館長であったジョージ・クレール・ランパルの書き残した原稿類もあります。さらに一九〇九年の海兵隊博物館のカタログや一九一九年の船を描いた美術誌などの出版物もコレクションの中に含まれています。

地階は展示が行われていないときには閉鎖されています。一階では船舶に主題を置いた油彩画も展示されています。さらに展示室の中央には、大きな船の舳先の船舶模型が置かれています。

入り口の受付を出たところにミュージアム・ショップがあります。ガラス瓶の中に納まった帆船や汽船の模型が多数並べられています。ケース内には、隙間のないほど多くの帆船や客船の小型の完成模型が置かれています。軍艦や商船など船舶に関する書籍、ポスト・カード、ポスターなどもありますが、売り場面積の多くを専門書籍と船舶模型が占めています。

狩猟博物館（ゲネゴー館）

Musée de la Chasse et de la Nature

■狩猟博物館

マレ地区に残された貴族の館の一つが狩猟博物館として利用されています。十七世紀に建てられたこの館はゲネゴー館と呼ばれています。設計はカルナヴァレ博物館と同じマンサールです。

いくつもの部屋の壁面に鹿などの角や頭部がかけられています。さらに、美しい羽を持った大きめの鳥類や動物の剥製が所狭しと並べられています。また当時の狩猟風景を描いた作品が壁面に飾られています。

作者は不明ですが、中世期と思われるタペストリーには、深い奥まった森の中で馬に乗った貴族らしき人物が刀を振り上げる姿、角笛を吹く人物、鹿を追い詰める猟犬、従者と森の風景が描かれています。

またピエール・ポール・ルーヴェンスの描いた「妖精と猟犬のいる森の風景」をはじめ多くの油彩画が展示されています。さらに立派な角の鹿を立体的に彫刻した装飾付き家具や、セヴール陶器の大壺側面に描かれた狩猟

メトロ1号線　サン・ポール駅
メトロ11号線　ランピュトー駅

■狩猟用鉄砲のコレクション

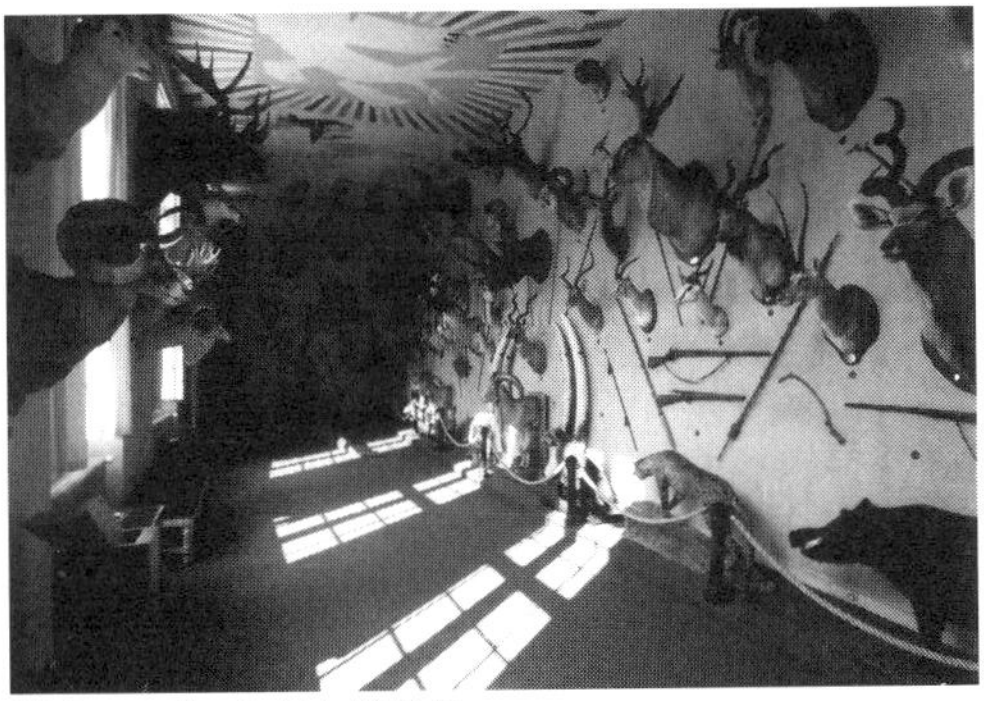
■壁にはぎっしりと剥製が

風景などの豪華な調度品が展示されています。また階段部分の壁面にもたくさんの版画や油彩画が飾られています。いずれも狩猟に関する場面が描かれています。

ケース内に展示されている弓矢は、十九世紀頃までフランスで狩猟に使用され、のちに洋弓に発展したものです。後の火薬を用いる鉄砲よりは少々能力が劣るとはいえ、弦を引くのに力が要った日本の弓とは比較にならないほど便利な道具です。さまざまな種類の鉄砲を集めた狩猟具のコレクションもまとまっています。火縄銃も含まれています。

これらの道具は戦闘用にも使えますが、この博物館の展示品の多くは狩猟用のようです。もちろん、貴族同士が名誉をかけた決闘の際使われたものはあるかもしれませんが……。

鉄砲には砲身部分を除いて、銀細工や螺鈿細工などさまざまな華麗な文様の装飾が施されています。そのなかには家紋や紋章を彫刻したものも見られ、文様や装飾の豪華さを誇示することも目的にあったと考えられます。このような豪華な装飾に包まれた道具を用いて狩猟ができたのは一部の貴族階級に限られていたということです。フランス貴族のご馳走とは鹿や雉などの狩猟の獲物を料理したものだったのでしょう。

各部屋の動物の剥製から当時パリ周辺の森に生息していた動物が明らかになりますが、このあたりに生息していないはずの白熊の剥製が部屋の中央に置かれているのはなぜでしょうか。

山での狩猟を本業にしていた狩人も当然いたはずですが、この館で展示されているのは、ほとんど娯楽として狩猟を楽しむための道具であり、その狩猟風景なのです。すなわち狩猟は、貴族階級にとってはレジャーであり、屋外スポーツのの一つでもあったのです。

■勲章博物館

Musée de la Legion d'Honneur

レジョン・ドヌール宮（勲章博物館）

オルセー美術館のすぐ前の建物がレジョン・ドヌール宮、またの名をサルム館と呼ばれる建物です。その由来はルイ十六世の時代の一七八二年にドイツのフレデリック三世、サルム公のために、ピエール・ルソーによって建てられたものです。

ウニヴェルシテ通りに面した建物側面にはアメリカ、サンフランシスコのレジョン・ドヌール・パレスのモデルとなったといわれる古代ローマ風のファサードを見ることができます。またセーヌ河に沿ったアナトール通りに面した側には、ワシントンのホワイトハウスをモデルにしたといわれる十八世紀風の建物側面を見ることができます。この施設は一時、スウェーデン大使館としても使用されていました。勲章の展示もさることながら、建物そのものの面白さに興味がいってしまいます。この建物は、見る方向によってその形が大きく変化するという面白さをもっています。セーヌ河から望むとアメリカ風の建物、

RER.C線　ミューゼ・ド・オルセー駅
改装のため休館中、2006年開館予定

オルセー美術館側からでは伝統的なヨーロッパの建物です。見る方向によって大きく外観が異なる建物はそう多くはありません。

この建物は、フランス法務省の管轄下にあります。一九一四年～一八年の戦争終了後、レジョン・ドヌール賞勲局総裁のヂュバイ将軍によって創設され、一九二五年に開館しました。

レジョン・ドヌール賞はフランスの国民栄誉賞というべきものです。この勲章はナポレオンが一八〇二年に殊勲者の栄誉をたたえるために制定したもので、一八〇四年からはこの賞を管轄する賞勲局がこの建物に入っています。ちなみに、レジョン・ドヌール賞は五段階あり、クラスによってリボンの色が異なっています。

現在は、フランスの各時代の勲章や外国の高位の勲章を収集しています。また各種の褒章制度についての解説、展示が行われています。また武器や衣装、文書、絵画、版画などが収蔵されています。

勲章は、政治的、社会的なステイタス表現として重要なものであり、受賞は大変名誉なことなのでしょうが、一般の人々にはほとんど縁のないものです。

5 装飾・ファッションなどの博物館

装飾芸術美術館
モードとテキスタイル美術館
広告博物館
錠前博物館
ガリエラ美術館（市立モード博物館）
偽物博物館
ワイン博物館
セーヴル陶磁博物館
人形博物館

フランスといえば、多くの女性にとってはファッションやブランド商品の豊富な国として人気があります。

博物館にもこれらに関するテーマのものがいくつか見られます。それらの中から装飾美術、ファッション、ブランドなど、フランスあるいはパリとかかわりの濃い博物館を集めてみました。

Musée des Arts Décoratifs

装飾芸術美術館

■3つの美術館の案内標示

ルーヴル美術館と同じ建物に、装飾芸術美術館・モードとテキスタイル美術館・広告美術館の三つの博物館があります。この三館は装飾芸術中央連合会（ＵＣＡＤ）が管理運営しています。

装飾芸術美術館では、中世から現代までの家具や調度品を中心とした装飾芸術の作品を展示しています。

家具に施された豪華で立体的な装飾も見ることができます。重厚な彫刻を施した洋服ダンスのような家具は、ある種の安定感が感じられます。ベッドも現在のような単純なものではなく、周囲を飾り豪華な雰囲気に包まれたものです。ベッドはただ横たわれればいいとか安眠できればよいというのは現代人的感覚なのかもしれません。

暖炉のある部屋の内部と調度品を配置したジオラマは、中世の部屋の様子を再現しています。展示室内は展示品の保存のため照明が暗いのが少々難ですが、昔はこの程度の明るさだったのかもしれません。

彩色の美しいステンド・グラス、陶磁器などの調度品からも古き時代のフランス貴族階級の暮らしぶりを感じ取ることができます。

メトロ1・7号線
パレ・ロワイエル、ミュゼ・デュ・ルーヴル駅

■落ち着いた雰囲気の装飾芸術美術館

■豪華な装飾が施されたベッド

Musée de la Mode et du Textile

モードとテキスタイル美術館

装飾芸術美術館、広告美術館とはフロアが異なりますが、同じ建物にあります。十七世紀から現代までのモードのさまざまな歴史が展示されています。ルイ王朝のドレスから現代の代表的なデザイナーのドレスなど約一万六〇〇〇点が集められています。

今回訪問した時は展覧会の期間中ではなかったので閉館していました。かつて訪問した時は、パリ在住の有名なDCブランドデザイナーの作品展でした。ファッションについてはまったく門外漢ですが、少なくとも「美」ということに関しての感性は持っているつもりでした。しかしそのとき展示（発表?）されていた新デザインの服装は理解不能で、先の自信はもろくも崩れ去っていました。

期間を定めての特別展では、流行の先端をいくデザイナーのファッション・モードを見ることもできます。期間については情報誌などで確かめてください。

メトロ1・7号線
パレ・ロワイエル、ミュゼ・デュ・ルーヴル駅

広告博物館

Musée de la Publicité

■広告美術館の展示

装飾芸術美術館とは同じフロアです。間には扉もないので、どちらの館にいるのかわからなくなるほどです。

現代社会では、企業の情報を伝える方法としてラジオ、テレビ、インターネットなどを通じての活動が活発です。しかしIT技術が発展しても、口コミやポスターの需要は根強く残ります。

ポスター広告は、氾濫するマスコミ、ITのため軽視されがちですが、依然として広告に果たすポスターのウェイトは大きいと思います。ここではさまざまな広告媒体を展示していますが、中心はポスターです。

訪問した時には、エール・フランスのポスターが初期段階から展示されていました。飛躍的な飛行機の発展、同社の就航路線の拡大などが、その時々の広告からよく理解できました。ポスターは、単なる広告媒体にとどまらず、会社の歴史や社会の歩みまで示した重要な歴史資料でもあるのです。

メトロ1・7号線パレ・ロワイエル、
ミュゼ・デュ・ルーヴル駅

錠前博物館
Musée de la Serrure

■錠前博物館

中世の雰囲気の残るマレ地区には、古い館を利用したさまざまな博物館があります。狩猟博物館やカルナヴァレ博物館などを紹介しましたが、狩猟博物館とフランス歴史博物館の間の道を東に歩くと、道の幅が急に広くなりしばらく続きます。やがて左（北）に曲がるとピカソ美術館です。錠前博物館はこの交差点の南側にあります。

ごく普通の住居のようにも見えます。しかしこの博物館の建物は、アンヴァリッドを設計した建築家が建てたリベラル・ブリュアン館という歴史的にも由緒正しい建物なのです。ブリカール博物館とも呼ばれています。

展示スペースは大きくはありませんが、さまざまな形状の錠前を集めて展示しています。例えば、最近では日本でも見かけるようになった、ドアの外側につけるノッカーや珍しい形状のノブなど美しい装飾が施されたものも展示されています。

鍵は第三者の外部からの侵入を防ぐためのものであって、本来の機能から見れば形状の工夫や装飾など必要はなかったはずです。しかしここには、

メトロ1号線
サン・ポール駅

■美しい装飾の施された鍵と鍵穴

機能面でもさまざまな工夫を凝らした鍵が展示されています。

一七八〇年頃製作された「からくり」を使った珍しい錠前は、違う鍵を差し込むとブロンズ製のライオンの口に手をかまれるというものです。職人の素晴らしい技と魂を感じ取ることができます。

鍵そのものに素晴らしい豪華な装飾を施したものもあります。棒状の単純なものに立体装飾が施されているのを見て、そこまでよくやるなという印象を持ちました。また、時代は不明ですが、錠前の製造所を再現したジオラマも設置されています。

受付と同じ場所に小さなスペースで、錠前に関する書籍も販売されていました。ピカソ美術館を訪れた際にでも立ち寄ってみて下さい。

Musée Galliera (Musée de la Mode de la Ville de Paris)

ガリエラ美術館（市立モード博物館）

■ガリエラ美術館

ギメ美術館のあるイエナ広場は、凱旋門に至る道や、シャイヨ宮前のトロカデロ広場などに通じる大小七本の道が交差する交通の要衝でもあります。この広場から東にまっすぐの道を行くと市立近代美術館、南に行くとトロカデロ広場です。この広場に面して、海洋博物館や文化財博物館、人類学博物館などがあり、エッフェル塔も真近に見ることができます。

ギメ美術館から二筋目の、凱旋門に続く道の東側にあるやや細めの道を斜め（東北）方向に少し歩くと、どっしりとした古風な建物が目に入ります。立派な石つくりの門と鉄柵に囲まれた館は、まさに貴族の館というにふさわしい風

メトロ9号線
イエナ駅

格を持っています。この建物がガリエラ美術館です。正しくはパリ市立モード博物館と呼ぶのですが、かつてガリエラ宮と呼ばれた場所であることから、ガリエラ美術館とも呼ばれています。

この建物は、ガリエラ侯爵夫人が自分自身のコレクションを収めるために、このブレジタン・ウィルソン大通りに建てたものです。しかしやがて夫人のコレクションは、遺言によって当初予定されていたパリではなく、ジェノバに贈られてしまいました。その理由はまったく明らかにされていませんが、夫人や家族の中で何かトラブルがあったのかもしれません。

結局、この建物は当初の建設の目的を失ってしまったことになるのですが、パリ市は、この建物を衣装コレクションの展示会場として利用するということにしました。現在この館は、十八世紀から現在までの衣装や装飾品などのコレクションを約七万点収蔵しています。当初の目的が失われて、危うく無駄になるところであったこの施設も、新しい活路が見出されたのですが、これもファッションの国、芸術の都と自負するパリならではのことでしょう。

この美術館は特別展示の期間中以外は閉館していることが多いのですが、かつてガリエラ宮と呼ばれた侯爵家の建てたイタリアの雰囲気を持つ建物の見学だけでもお勧めです。また庭園も可能であればぜひ見学してください。

偽物博物館

Musée de la Contrefaçon

■手前の建物が偽物博物館　看板がない

偽物づくりは、本物を制作・販売しているブランド・メーカーにとっては迷惑な存在ですが、一部の消費者にとっては、価格が安いという点から結構需要があるようです。しかし偽物づくりは明らかに犯罪です。知的財産の保護がやかましく言われる今日、その知的財産を侵害することは許されない犯罪でもあるのです。

フランスは誰が見ても「ブランド王国」です。おそらく一つや二つのブランドの名前は若い女性ならずともあげられるでしょう。その偽物を集めて展示している博物館があるのですから驚きです。

偽物づくりというと贋金づくりがまず思い浮かびます。近年日本では新札に変更されたのを機に偽札が多く出回りましたが、フランスでも偽ユーロ紙幣が発見されているようです。贋金作りも歴史をたどれば、貨幣が初めて使われた時代まで遡ります。この博物館には古代の遺跡から出土した贋金も展示されています。

フランスが誇るDCブランドの代表ルイ・ヴィトンなどのバッグやポーチなど小物類は偽ブランド品の定番ともいえるものですが、この博物館には展示されていませんでした。また、ワインなどの酒やコーヒー、紅茶などの嗜好品も偽物づ

メトロ2号線
ポルト・ドーフィヌ駅

くりの対象となっているようです。わずかですが展示されていました。その反面、ボールペン、万年筆、時計などの文房具の小物類は多いようでした。このような小物から自動車のボンネットや子供用自転車などの比較的大きなものまで偽物はさまざまです。高価なものだけでなく、安い製品の偽物もつくられています。

まったく本物と見分けがつかないほど精巧にまねている場合と、同じ模倣でも、「ビック」という商標を「ウィック」と少し変えたり、巧妙な細工を加えているもの、あるいはさすがと妙に納得してしまいそうなものもあります。

全部で一フロア四部屋余りの狭いスペースしかない博物館でした。展示物は偽物と本物を対照できるように、小物はケース内、子供用玩具や自動車のボンネットのような大型のものは棚に並べていました。偽物と本物を並べて比較してみたいとは思いますが、現実にはなかなかできるものではありません。この展示方法はなかなか面白く、興味を引くものでした。

■展示室

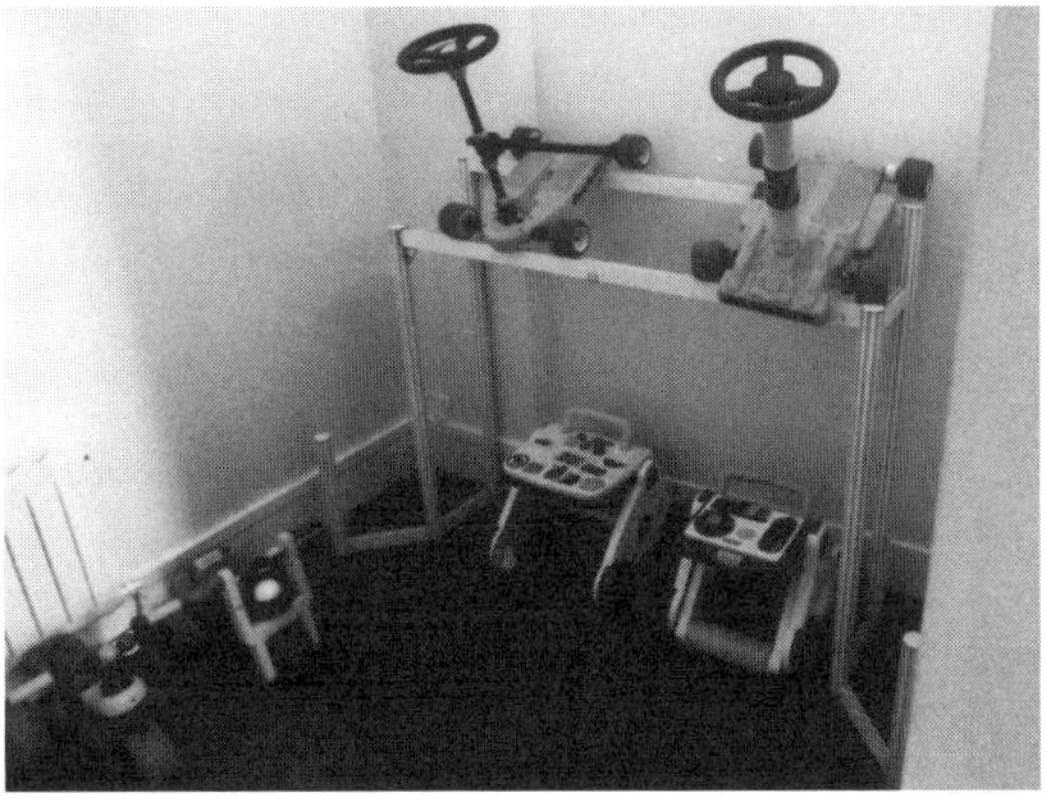

■偽物と本物を並べて展示

ミュージアム・ショップというようなものはなく、ガイド・ブックの類も販売されていませんでした。

ただ地下鉄の駅から数分と近いのですが、途中の案内標示が少ないうえ、建物自体が普通の住宅とほとんど変わらないため、近くまで行っても入り口がわかりづらいのが難点です。

■ワイン博物館正面　注意しないと見落しそう

Musée du Vin
ワイン博物館

フランスといえば、イタリアとともにワインの産地として知られています。その本場にワイン専門の博物館があるということを知り訪ねました。

メトロ6号線のパッシィ駅を下車し、階段を降りるとすぐということでしたが、そこには普通のビルが建ち並ぶ住宅街が広がっていました。美術館の前に掲げられたのぼりを見落とすと、存在すらわからないほどの、ごく普通の邸宅風の建物です。

入口の受付で、入館料を支払うか、ランチの予約（入館料込み）をするかの選択ができます。ランチタイムに近い時間だったので、ランチの予約をすることにしました。見学時間を三〇分程度とって、食事の時間が決まりました。

博物館の建物は、もともと十六〜十七世紀にパッシー修道院のワイン貯蔵庫として使用されていた場所でした。トンネル状の通路につくられた展示室ではワインに関するジオラマを中心に合計三四の展示が行われていました。かつてワイン貯蔵庫であったというだけあって、室内はまるで迷路のような洞窟という感じでした。

メトロ6号線
パッシー駅

まず、ギリシャ時代のワイン運搬、保管用の土器瓶であるアンフォラが並べられています。この土器は考古学系の博物館ではよく見かけるものです。細く長い胴の両側に把手が付いていますが、底が尖っているため安定に欠けます。そのため使う時は土に差し込んで安定させたと考えられています。とくに地中海の海中からは多くのアンフォラが引き揚げられています。

次に、鋤や鍬といった農具類が見られます。これらはいずれも長い時代使い込まれた痕跡を残しているものばかりで、葡萄畑の耕作に用いられてきたものでしょう。またワインの樽を作り出すものとしては、板を削るかんなやのみ、大小の鋸などの道具類の実物が展示されています。樽つくりの様子を人形で再現したジオラマも見ることができます。

■展示室

■樽つくりのジオラマ

■洞窟のレストランでランチ

№19〜24の展示コーナーでは、十七世紀末〜十九世紀のワインとブランデーの瓶やワイン・グラスがいろいろ集められています。今でこそワインのグラスは透明ですが、当時のものはガラスに混じり物があったせいか、ほとんど透き通ったものはありませんでした。ワインを楽しんで飲むための道具とともに、一八五五年当時のワインバーの様子が実物大の人形を使って復元されています。№25展示では、ワイン産地として知られるボルドーで十九世紀に、またブルゴーニュで十八世紀に使用されていた陶磁器のピッチャーを見ることができます。

№29展示では、一八〇二年にE・トマソンによって考案されたコルク抜きや、一八七五年にアメリカで用いられていた栓抜きなどのコレクションが展示されています。

ところで十九世紀の半ば、ワイン・ミュージアムの展示室はエッフェル塔のレストランのワイン貯蔵庫として利用されていました。また展示品には、一八八九年に行なわれた万国博覧会を記念して、エッフェル塔の形をしたワインの瓶や、グラスの表面に塔が刻まれたワイン・グラスが作られました。

ミュージアム・ショップを訪ねました。ショップといっても特別にスペースが確保されているわけではなく、通路の一方に申し訳程度に作られていました。そこではフランス各地で作られたワインが販売されています。

ワインの専門博物館というだけあって、ワインに関する書籍、ユニークな形のワイン・オープナーなどが販売されていました。

最後にランチを予約したレストランに向かいました。博物館の中にある施設ですので、やはり洞窟のイメージでした。壁画にはワインづくりの様子や修道院の様子が描かれています。食事とともに各種のワインを試飲させてもらいました。出された料理はもちろんのこと、どのワインがおいしかったのかすべて忘れました。ただこの博物館を出るときにはかなり酩酊していたように記憶しています。

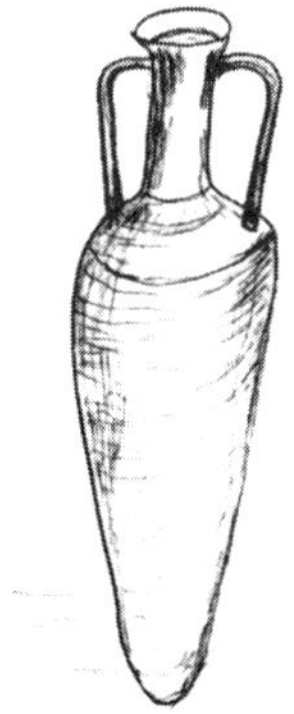

■ワインを運んだアンフォラの壺

■トラムの駅

Musée de Sèvres
セーヴル陶磁博物館

セーヌ河に沿って走るトラムに乗ります。どことなく昔の路面電車の雰囲気を持っていますが、線路は専用軌道です。セーヌ河沿いに建てられた住宅街や川越しに見えるパリの市街地の風景を楽しみながら進み、まもなくミューズ・セーヴルの駅に到着します。

駅前にある建物が陶磁器の博物館です。

セーヴル焼と呼ばれる陶磁器は、ポンパドール夫人の庇護を受けて、それまで民窯の一つであった窯が王室御用達となり、賓客への贈答用に使用する豪華な陶磁器の王立製陶所である生産工場をこの場所に建てたのがはじまりでした。セーヴル製陶所は、フランス独自のデザインを確立し、完成度の高い製品を生み出してきたという評価があります。とくに「セーヴルのブルー」すなわち深い藍色が象徴するように独特な藍色の地に金色の文様を施したものがよく知られています。このほか、「ポンバドール・ピンク」「アガサ・ブルー」など、何ともいえない高貴な色合いが陶磁器の表面を飾っています。

現在でも十八世紀と同様ロクロを使用して製品を製作していることから、年間の生産量も六〇〇〇個前後と限定されています。さらに、当初からここでの製品のほとんどが

メトロ9号線　ポン・ド・セーヴル駅
トラムT2号線　ミューズ・セーヴル駅

■東洋風の花模様の皿

■セーヴル陶磁美術館

■セーヴル焼の把手付大壺

政府の公式ギフト用となることから、その希少性は依然として高いのです。そのためセーヴルの陶磁器製品は「幻の陶磁器」と呼ばれています。

しかし、従来工場内にしか設置されていなかったショップも一九八六年パリに開店し徐々にその裾野を広げつつあり、誰でも入手できるようになってきました。

一八一二年、国立セーヴル製陶所の所長ブロンニャールによってセラミックとガラスの美術館が創設されました。まもなく一八七六年に大展示施設が完成し、一九三四年には国立博物館に昇格しました。この博物館は、世界中の人類によって作られたあらゆる種類のセラミックを収集することを目指してきました。ブロンニャールは、全国の知事に要望して収集した最初の収集品以来、定期的にセラミック製品を集めていきました。これによって、セラミックについては、時代、国、様式、芸術、技法などすべての要素をカバーしたコレクションとなりました。ちなみに、このコレクションには日本の陶磁器も含まれていますが、あいにく展示は行われていませんでした。

展示室は一・二階に設置されていますが、階段の踊り場をはじめ各所にセーヴルの大きな花瓶が展示されています。セーヴル焼の特徴である「豪華」とよぶにふさわしい作品です。

一階展示室には世界各地の陶磁器が展示されており、さまざまな地域の各時代の製品を見ることができます。正面の踊り場にはセーヴルの大きな

■釉薬の美しい獅子

■陶板で複製した絵画

壺が置かれています。セーヴル製品は二階に展示されていますが、名画を描いた皿や壺の色彩や表現のすばらしい出来栄えには感嘆するものがあります。

さらにセーヴル焼では、美術品の陶板による複製を製作しています。焼き物ですから色あせしないという特徴を持っていますが、やや光るようです。このような陶板による名画の再現は、兵庫県の淡路島にある大塚国際美術館で見ることができます。

二階展示室の一部では現代のセラミック作家の作品を見ることができます。斬新で奇抜なデザインが多く見られますが、やはり伝統的な作品の持つ迫力にはかなわないようです。

入り口受付の傍らにミュージアム・ショップが設置されていますが、扱っている品数は少なく、セラミックに関する書籍が中心でした。

セーヴルのほかにもフランスには有名な陶磁器産地があります。

リモージュは、三世紀にローマ人が作った町ですが、十六世紀頃から七宝焼き（エマーユ）職人の町として発展してきました。一七六八年に近郊のサン・ティエ・ラ・ベルジュで、磁器の原料となる良質のカオリンが発見され、陶磁器の町として発展します。ルイ十五世の時代には、セーヴル窯の下請けとして白磁つくりばかりを生産していましたが、ナポレオン三世の時代には、独自の製品生産が行われるようになります。

二十世紀に入ると、オランダをはじめ各地からリモージュに注文が殺到するようになりました。このため、リモージュでは質より量の大量生産を始めました。こうした動きとは逆に高品質の製品にこだわったのがレイノー窯です。一八四九年の操業開始というリモージュで最も古い窯です。レイノー窯は、一度生まれた柄は永遠に作り続ける主義で、代々変わらぬ製品を作り続けています。人気の商品はモーニング・グローリーです。

絵柄は朝顔で、清らかなブルーの花が周りのラインを描く黄色とマッチして、愛らしくもあり気品のある製品です。

アビラント窯は、リモージュ焼に魅せられたアメリカの貿易商ダビッド・アビラントが一八四二年に、この地で開窯したものです。白く、薄く、堅いという磁器の性格を十分に活かして、アメリカ人好みの文様や形状のものを作り出していきました。多くのアメリカ人がアビラント製品を求めるようになり、リモージュでの確固たる地位を築きました。ナポレオン三世の妃であったユジュニーは、ここの白磁に薄紫のスミレを描くことを思いつきます。これが「アンビラント・ユジュニー」で、優雅なアール・ヌーボー様式の文様が特徴です。フランスの公式行事にはほとんどセーヴル製品が用いられるのですが、エリゼ宮での公式行事には例外としてアビラント製品が用いられています。

ロワイヤルリモージュ窯は、一七三七年に設立された、フランスでもセーヴルと共に最も古い磁器製作の場所で、はじめて硬質磁器を作った窯としても知られています。ルイ十六世の弟アルトワ伯爵の庇護のもと、一七七四年に王室御用達となり、一七七八年には王立の磁器製作所となりました。

このほかリモージュには、ベルナルド窯があります。

さらに、フランス国内の磁器生産の窯としては、ジアン・ブルーで知られるロワール地方のジアン窯、陶器生産地としては南フランスのヴァロリス窯、ムスティエ窯などがあります。

博物館の奥（裏手）には、セーヴル焼の製陶工場がありますが、見学はできませんでした。帰りは、美術館の横のバス停「ミュゼ・セーヴル」まで歩き、そこから「ポン・デ・セーヴル」までバスに乗りました。バスのチケットは乗車時に買うこともできますが、やや割高です。ポン・デ・セーヴルのターミナルからヴェルサイユ宮殿前までのバスが出ています。

■セーヴル焼の製陶工場

人形博物館

Musée de la Poupée

■路地の奥にある人形博物館

建物が建て込んだ市街地の奥まったところに位置しており、入り口がわかりにくい博物館です。しかし地図の標示に従えば、容易に見つかります。期待したほど大規模な施設ではなく、展示室は三室のこじんまりした施設です。

画家で写真家のグイド・オディンとフランス文学者のサミー・オディンの二人によって一九九四年に開館しました。

一九八一年以来グイド・オディンによって古い人形が収集されてきました。一八五〇～一九四〇年の期間のフランス人形です。「目はパッチリと色白で、……♪♪」と童謡にもあったように、実に愛らしい表情の人形ばかりです。頭髪はブロンドや金髪で、目はブラウン、ブルーと、顔立ちや表情もさまざまですが、ほとんどが女児の人形です。さらに、たくさんのドレスや帽子、アクセサリーもあります。糸車をまわすもの、暖炉の前でくつろいでいるもの、ゲートボールを楽しむもの、森にピクニックに出かけているものなど、さまざまです。

展示室のケース内には、愛らしい表情のフランス人形が多数並べられていますが、やや窮屈そうでした。それぞれのケースが部屋の一部に見立てられ、椅子に座っている人形や、テーブルを囲んでいる人形、寝室でベッドの傍らに座る人形等、そのポーズもさまざまです。

ところでフランス人形とは、簡単に表現すればフランスの衣裳を着用したフランス風の人形です。これではあまりに味気ないので少しフ

メトロ1・5・8号線
バスティーユ駅

ランス人形について記述してみましょう。

十四世紀の初め頃、パリの衣裳店が、王家・貴族の女性のために考案した衣装を着用させた人形が作られました。十七世紀頃には世界で最も美しい人形という評判を得るようになり、十八世紀には当時の流行の衣装を着けたレディ・ドールがヨーロッパ各地に伝えられました。

十九世紀中頃には、人形師ジュモーなどによって人形の頭が磁器で作られたビスク・ドールが現れました。二十世紀にはイギリスやアメリカの製品に押されたこともありましたが、伝統的な名声は失われませんでした。すなわち、「高級なものはやはりフランス人形」とされ、名実共にヨーロッパを代表する人形として世界中の人々に愛されています。

フランス人形の華麗な衣裳はファッションの専門家が製作しています。また深味のある眼は吹きガラスの手法で作られており、胴体に羊皮が使われることや、十九世紀のものでは頭部がコルク製で毛髪が釘で固定されていることなどを特徴としています。

展示品は個人の蒐集品で構成されていますが、その量は相当なものです。フランス人形のみが集められ、展示されていました。人形がテーマということもあって、子供連れの家族が多く、男性一人の異邦人の見学は異様に映ったかもしれません。

■窮屈そうな人形たち

「装飾・ファッション」には こんな博物館もあります

Musée Europeenne de la Photographie

ヨーロッパ写真博物館

▼メトロ1号線サン・ポール駅、ポン・マリー駅

サン・ルイ島からセーヌ河にかかるマリー橋を渡り、まっすぐに通りを東に行くと、すぐにこの建物です。メトロの駅からもわずかな距離です。

十八世紀に建てられたエノー・ド・カントルプ館を利用して一九九六年に開館したこの博物館は、一万二〇〇〇点以上の写真コレクションを収蔵する写真博物館です。

ここでは写真に関する特別展示とフランスと写真のかかわりを重視した歴史展示が行われています。ただし休日は大変込み合い、入場待ちの列ができています。

Musée de la Curiosité et la Magie

マジック博物館

▼メトロ1号線　サン・ポール駅

サド侯爵屋敷の地下にある博物館です。昔のマジックの手法や目の錯覚を利用したマジックなどを体験できる施設です。

Musée Baccarat

バカラ博物館

▼メトロ4号線　シャトー・ド駅

バカラ社は、一七六四年の創業で、既に二〇〇年以上の歴史を誇る世界中の王侯貴族御用達のクリスタル製品の老舗です。そのバカラ社が、これまで手がけてきたシャンデリアやグラスなどのクリスタル製品を集めて展示しているのがこの博物館です。博物館とバカラ社のショールームは併設されており、どちらが博物館であるかわからないほどです。ただ博物館には監視員はいますが、販売員はいません。

バカラ社の製品が単なるガラス細工ではないということは素人目にもわかります。豪華で美しいのは理解できましたが、簡単に手の出る価格ではありませんでした。

6 パリ郊外の博物館を訪ねる

ヴェルサイユ宮殿と歴史博物館
フォンテヌブロー美術館
ディジョン考古博物館
ディジョン美術館
ブルゴーニュ民俗博物館
リヨン織物史美術館
装飾博物館
印刷博物館
ガロ・ロマン文明博物館
フルヴィエール博物館
リヨン市立歴史博物館(マリオネット博物館)
ルーアン陶磁器博物館
ル・セック・デ・トゥールネル博物館
古代博物館
ノートルダム(ルーアン)大聖堂
ジャンヌ・ダルク教会

パリ市内の主要な博物館については、ほぼ紹介できたと思いますが、フランス国内にはまだ限りなく多くの素晴らしい博物館があります。これらをすべてみることは夢ですが到底かなわないでしょう。

少し余裕を持って、TGVなどを利用して、一日あるいは数日の日程で訪れることは可能です。ここでは多くの人が訪ねる人気のある博物館を紹介しておきましょう。

ヴェルサイユ宮殿と歴史博物館

Château de Versailles

■ヴェルサイユ宮殿正面

ルーヴルとヴェルサイユは、ともにフランスが世界に誇る文化遺産のひとつです。ヴェルサイユ宮殿は一九七九年ユネスコの世界文化遺産に登録されています。両者の共通する部分は比較的多く、例えばともにフランス王朝の宮殿として使用されてきた歴史を持っています。また両者の宮殿は、ルイ王朝と深いかかわりを持っています。

ヴェルサイユ宮殿は、ルイ十四世によって一六六一年に工事が始まりました。やがて着工から二一年を経た一六八二年に新宮殿は完成しました。ルイ十四世が王位についた頃には、ルーヴル、フォンテンブロー、シャンボール宮殿という、壮大な宮殿をすでに所有していました。にもかかわらずルイ十四世はあえてヴェルサイユ宮殿を造らせたのです。ルイ十四世が自ら手がけた宮殿を持ちたかったからといわれています。とくにヴェルサイユの地を選んだのは、父のルイ十三世が建てた狩りのための館があったからだとも、ルイ十四世

RER. C5号線
ヴェルサイユ・リブ・ドロワット駅

■宮殿前の石畳の道

自身も少年時代をここで過ごしたからだとも言われています。

総面積一七〇〇万平方メートルを超える広大な敷地を持つ宮殿は、このような歴史的背景のもとに造られたのです。

しかしこの宮殿も、フランス革命の時には無事にはすまなかったのです。一七九二年、暴徒による宮殿侵入によって、マリー・アントワネットのパステル画（クシャルスキー作）は、彼らの槍によって二度突かれました。その痕跡は今も残されています。革命の影響はこればかりではありませんでした。宮殿内の各室に配置された調度品の大半は持ち出されてしまったのです。現在、それらの一部は篤志家の好意によって買い戻されて、かつての場所に戻されつつあるのですが、盛時の姿に戻すことは不可能であるといわれています。

このように、政治体制の変化や時代の変化によって多くの文化遺産が犠牲になった例は数多くあります。日本では、明治初期の廃仏毀釈で多くの仏教関連遺物が失われました。中国では文化大革命によって多くの文化的財産が失われ、外国に持ち出されました。最近では、アフガニスタンのタリバン政権によるバーミヤン仏教遺跡・遺物の破壊やイラクの戦後の混乱による博物館の略奪行為がありました。東南アジア各国の仏教遺跡の破壊は、イスラム教徒らによる行為とされており、頭部のない無数の仏像が放置されています。また内戦、戦争による場合もあります。アンコールワットもその一例です。

■宮殿内の鏡の間

ヴェルサイユ宮殿とフランス革命の話から横道にそれてしまいましたが、このようにして失われた文化遺産は再び戻らないのです。

さて革命以後、宮殿内の状況もいくらか姿を変えました。一八三七年六月一八日、ルイ・フィリップは、ここにフランス史美術館を開設しました。この宮殿をフランスの栄光ある歴史を語り継ぐための美術館としようとしたのです。

この宮殿の見学は、向かって右側北翼棟からが順路となっています。礼拝堂の間、ヘラクレスの間、さらに正殿では豊曉の間、ヴィーナスの間、ディアナの間、マルスの間、メルクリウス、アポロン、戦争の間と続き、さらに長い庭園に面した鏡の間を通過して、王妃の居住宮殿に至ります。ここでは平和の間、王妃の寝室、大広間（貴人の間）、控えの間、衛兵の間、王妃の階段、戴冠の間、やがて南翼棟の商人の間を経て、戦史の回廊、そして階段を下って出口へと連なります。戴冠の間にはダヴィッドの「ナポレオンの戴冠式」の大作が掲げられています。この絵画はルーヴル美術館にあったと気づかれた方はかなり美術に関心のある方でしょう。実はここにも同じものがあるのです。ただし、わずかに背景の女官の服装の色調が異なっています。注意深く観察したいところですが、立ち止まるとすぐに監視員から注意を受けますので要所だけ見て下さい。

各部屋の詳細な紹介は省略しますが、いずれも豪華な調度品によって飾られていたことは容易に想像することができます。これらの各部屋が歴史博物館として公開されています。

フォンテヌブロー

フォンテヌブロー方面へは、パリ市内からバスツアーがいくつかあります。日本語のツアーもありますので、それを利用されると便利です。鉄道を利用していく方法もありますが、たいていの博物館は駅から遠いので結局タクシー利用となってしまい、かえって割高となります。

フォンテヌブロー美術館（ナポレオン博物館・中国博物館）

Château de Fontainebleau

十二世紀に建造された城砦に起源を持つ宮殿で、一万七〇〇〇ヘクタールもある広大な森の中心に位置しています。フランス歴代の王が好んで訪れた場所のひとつで、建造当初の名残りは中庭にあるドンジョン（主塔）のみがとどめています。かつてそこは王の寝室が置かれた場所で、フィリップ・オーギュスト、聖王ルイ、美貌王フィリップたちが過ごしたそうです。とりわけ聖王ルイはこの地を愛し、宮殿の一角に三位一体修道会の修道院を建てています。

ルネサンス時代には、狩猟にたびたび訪れたフランソワ一世によって一五二八年から宮殿の増改築が行われました。彼はこのためにフィレンツェのロッツォとボローニアのプリマッチョという二人のイタリア人芸術家を招聘しました。彼らはフランソワ一世の回廊、舞踏会の広間などを手がけました。彼らは第一期フォンテンブロー派の始祖となりました。

■フォンテヌブロー宮殿の正面　セント・ヘレナ島に向かうナポレオンが名残りを惜しんだ場所

フォンテンブロー・エーボン駅から
バスA・B線パレス

■ルネサンスの回廊

■フォンテヌブロー宮殿

フランソワ一世はイタリア・ルネサンス芸術の摂取に熱心でした。イタリアから招かれたレオナルド・ダ・ヴィンチが「モナリザ」などを携えてきました。やがて彼はここで客死し、それら作品は王家のものとなります。このほかにも多くの芸術コレクションをフランソワ一世は残しましたが、現在その多くはルーヴル美術館で展示されています。

その後も歴代の王によって、宮殿はさまざまな増改築が行われました。やがてフランス革命によって、せっかく揃えられてきた数多くの家具や調度品が散逸してしまいます。管理を引き継いだナポレオンは、この宮殿をとくに気に入っていたようで、彼によって家具調度品は新調され、再び往時の姿に戻りました。ナポレオンは一八〇三年からセント・ヘレナ島に出発する一八一四年四月二〇日までの十一年間をここで過ごしました。

その後も、この宮殿はルイ・フィリップ、ナポレオン三世らに利用され、一八四〇年には絵皿の回廊がつくられました。セーヴル陶器の豪華な絵皿一二八枚をはめ込んだものです。絵の題材は、宮殿、森の風景、王室の居館などさまざまですが、いずれもこの地域をモデルにしたもののようです。

ところで、第二次世界大戦終息後の一九四九年四月、ワシントンでアメリカ、イギリス、フランス、イタリア、オランダなど一二ヶ国が北大西洋条約と呼ばれる軍事条約を調印しました。後には西ドイツ、トルコ、ギリシャ、ポルトガルなども加盟します。この条約によって、西ヨーロッパ諸国とアメリカ、カナダなどが加盟した集団安全保障機構が結成されました。これが北大西洋条約機構（NATO）で、本部はフランスにおかれました。フランスが一九六九年に軍事協力から離脱したため、本部がベルギーのブリュッセルに移るまでこの宮殿の一角が利用されていました。

なお現在宮殿内にはナポレオン一世博物館と、中国博物館の二つの博物館施設があります。ナポレオン一世博物館は一九八六年の開館で、帝政時代（一八〇四～一八一五）のナポレオンと家族が使用していた家具や装飾品、衣装などのコレクションが展示されています。中国博物館は一八六三年に開館したもので、中国の陶磁器や豪華な玉器、絵画などのコレクションが展示されています。

■聖王ルイが建てた三位一体礼拝堂

■ナポレオン１世の「玉座の間」

■豪華なセーヴル陶器128枚が並ぶ「絵皿の回廊」

■ミュージアム・ショップ

宮殿建物の各部屋の内装は、豪華絢爛という表現がぴったりですが、外観や周囲の庭園も見るべき価値があります。フォンテヌブローという地名の起源は、フォンテーヌ（泉）にあるといわれています。城の周囲に拡がる庭園には、この地名にふさわしく美しい水を満々とたたえた池があります。この庭は一八一二年にイギリス式庭園として造営されました。フランス式庭園は、植栽を幾何学的、人工的に造作するのを特徴としていますが、イギリス式庭園は自然の姿を尊重します。ここには第二帝政期に植えられたセコイア、モクレン、イトスギなどが大きく成長しています。大花壇と運河、池と植栽、広々とした庭園の散策も楽しめるところです。

ブルゴーニュ

ディジョンまでは、パリ、リヨン駅からTGVで約一時間あまりで到着します。あらかじめ時刻表などで調べておいたほうがよいでしょう。それぞれの博物館は駅から歩ける距離です。脚に自信のない方は、駅前に待機しているタクシーを利用して下さい。博物館見学には、案内所などで売っているディジョンカードを利用するとリーズナブルです。

ディジョン考古博物館

Musée Archeologique de Dijon

一見教会風の建物が博物館です。それも当然で、元はサント・ベニニュー大修道院でした。その施設を改造して使用しています。博物館の前庭には石棺の蓋などが無造作に並べられています。

地下にある受付を過ぎると、素焼きの大小の壺、古銭などがケースの中に雑然と並べられています。この壺の中に古銭が入っていたのでしょう。床にはバラス（礫）が敷き詰められ足裏が心地よく感じます。

展示室に入ると、銅製品、土偶（土人形）、木製品と続きます。展示ケースは暗くなっており、手元のスイッチで照明が点灯するようになっています。これは、遺物の保存上必要な配慮で、浮世絵などの展示施設によく見られるものです。遺物が出土した状況の写真パネルも添えてあります。解説文の内容は不勉強で理解できませんでしたが、出土状態はよくわかりました。

独特の曲線の柱が続く展示室には、修道院の雰囲気がよく残っています。この柱の間に一〇〇点以上の石像彫刻が直接置かれたり、台に載せて展示さ

■フランスの誇る新幹線TGV

ディジョン駅から徒歩

■ディジョンの駅前通り

■考古博物館の正面

れています。ほとんどがプラスックの防禦板もない露出展示です。展示品に手を触れる不心得者などいないのが前提となっています。

石像の表情はすべて異なり、一体で構成されるものや二体のものがあります。これらは墓石であり、その下方に埋葬されている人物の生前の姿を示しています。ルーヴル美術館には木製の夫婦の棺が展示されていますが、共通する考えがあるように思えます。

二階には調査場所、遺構、遺物の説明パネルとカラー写真が添えられた石像彫刻や石棺などが展示されています。考古学では発掘調査が重要な情報入手の手段です。展示物がどのような遺跡から出土したのかをパネルで標示しているのは考古学の専攻者にはありがたい配慮です。

中央部分では、白い布で周囲を囲い、土器・陶磁器が展示されています。考古学では、出土遺物の接合や復元は重要な作業ですが、ここでも接合した状態のまま、欠損部分は補っていない土器大皿が置かれていました。

最上階の三階では、狩猟採集社会の石器時代の様子が時期順に展示されています。調査結果と石器の復元状況がパネルとジオラマでわかりやすく示されています。

次に、栽培によって食糧の確保が容易に行われるようになった時代の展示です。石包丁や狩猟具のほか、金製装飾品を身に付けた状態のジオラマ、ガラス製品や石造遺物などが続きます。このフロアの最も奥では、金属製品、ガラス製品のほか丸木船などが展示されています。

さらに、入り口で見たのとは違った、把手の付いた壺に盛られた大量の銅貨がほぼ正方形のケースの中に展示されています。日本でもよく発見される埋め銭といわれる種類の遺物ですが、誰が何のために埋めたのか謎のままです。これは一八五二年に発見されたもので、西暦三三〇年の年代が名板に記されていました。

■前庭に展示されている石造物

ディジョン美術館

Musée des Beaux-Arts de Dijon

■守護の間

この美術館はブルゴーニュ宮殿の東側部分にある宮殿博物館です。宮殿の内部を美術館として利用したものですが、どことなくパリ郊外のヴェルサイユ宮殿に似ています。それもそのはず、ヴェルサイユ宮殿を建てたマンサールによって改築が施されたからです。

今回訪れたときは一階展示室でパリの歴史を物語る絵画を集めた特別展が行われていました。二階の常設展示では、ブルゴーニュ宮殿の各部屋の調度品を見ることができます。

とくに豪華なのは「守護の間」で、中央部に置かれた二個の棺に施された装飾は上部に金箔で天使が羽根を広げた様子が描かれ、側面にも金色の神像が配置されるという贅沢なものです。この部屋の壁面には多くの宗教画のタペストリーが掲げられています。

二階フロアには、中世のキリスト教関係のフレスコ画を中心とする宗教画や、ブリューゲル、ルーベンスなどの絵画や彫刻が、そして三階にはピカソをはじめとする近現代の美術作品が展示されています。

ディジョン駅から徒歩

ブルゴーニュ民俗博物館

Musée de la Vie Bourguignonne

かつてのベルナルダン修道院の建物を利用した博物館で、廊下を奥に入ったところに受付がありま す。左手を入ると勲章類が展示されています。フランス国内のみならず、ナチス・ドイツのものも含まれており、大型のものが多く見られました。肩に着ける肩章もあり、室内には軍歌がＢＧＭに流され、やや暗い照明しか当てられていません。この分野にはあまり興味がなかったので早々に引き上げ、右手の展示室に入りました。

ここからは日常生活のジオラマ展示がはじまります。まず、結婚式と参列者の服装のあれこれをマネキンに着装して見せています。次は、台所、ダイニングキッチンです。テーブルにつく人、パンを焼く人、立っている人……、服装や調度品、道具類も当時のままなのでしょう。食器などの小物はケースに入れられています。糸紡ぎの展示がありました。糸車や糸くずまでこまかく再現され、いかにも作業中という雰囲気が伝わってきます。さらに、ベッドが置かれた寝室のジオラマが続きます。

見学者は、狭い通路を通り、ジオラマ展示を縫って歩くのですが、当時の暮らしに吸い込まれてしまいそうになります。二階もほとんどがジオラマの世界でした。昔の薬屋の店先、本物の薬瓶や調合道具などがあります。日本の薬業記念博物館とほぼ同じ規模と内容でした。

次に髪屋、服の仕立屋、菓子屋、酒屋と続きます。菓子屋では瓶に入ったキャンディが、酒屋ではワインやウイスキーなどの酒類が棚に並べられています。次いで時計屋、木製玩具店、肉屋、陶器店(皿)、美容院、本屋、写真スタジオ、磁器店(壺、瓶)と続きます。

展示室内は、左右部分にジオラマを展開し、中央通路部分には民芸品を展示するケースを置いています。照明もケース上から紐で垂らされているのは、大変興味深いものでした。ジオラマという手法は、展示ケースに入れただけという大半の博物館に比べ好感がもてます。ただし、この博物館のように種類が多いのも考えものです。頭の中で整理が追いつかない状態になってしまいます。

ディジョン駅から徒歩

■リヨンの街並み

リヨン

リヨンへは、パリ・リヨン駅からTGVで約二時間で到着します。駅から博物館へはバスの利用も可能ですが、博物館の間は充分徒歩で可能な範囲ですので、駅からタクシーの利用がよいのではないかと思います

リヨン織物史美術館

Musée Historique des Tissus

織物史美術館と装飾美術館は同じ建物で、内部の展示室によって区分されていました。リヨンは代表的な絹織物生産地であったことから、数多くの素晴らしいタペストリーや絨毯の作品が生み出されていました。大半の製品は消費地へ出荷されてしまったのですが、製品の文様、図案が博物館に残されていました。

この美術館設立の構想が出されたのは一七九七年にまで遡りますが、経済的な事情から実現しませんでした。やがて一八六四年に美術館は開館します。新しい館は「美術と工業の博物館」と呼ばれ、イギリスのヴィクトリア&アルバート美術館を理想として設立されました。

この美術館のコレクションは、一八四六年の末頃に中国の叢書、織物の大量のコレクションを購入したことに始まります。やがてさまざまな資料が集められ、現在に至っています。文字通り織物史に関する資料を中心に集められており、その収集範囲はヨーロッパ地域にとどまらず、東アジアなど全世界に及びます。コレクションには、エジプトの織物、イスラム織物及び絨毯、極東の織物、ヨーロッパの十一世紀から二十世紀の織物、レース織物、リヨン地域で使われていた織物の機械などがあります。

最も古いコレクションには、エジプト中王朝期の着衣やいくつものタペストリーがあります。五～

メトロA号線
アンペールビクトルユーゴ駅

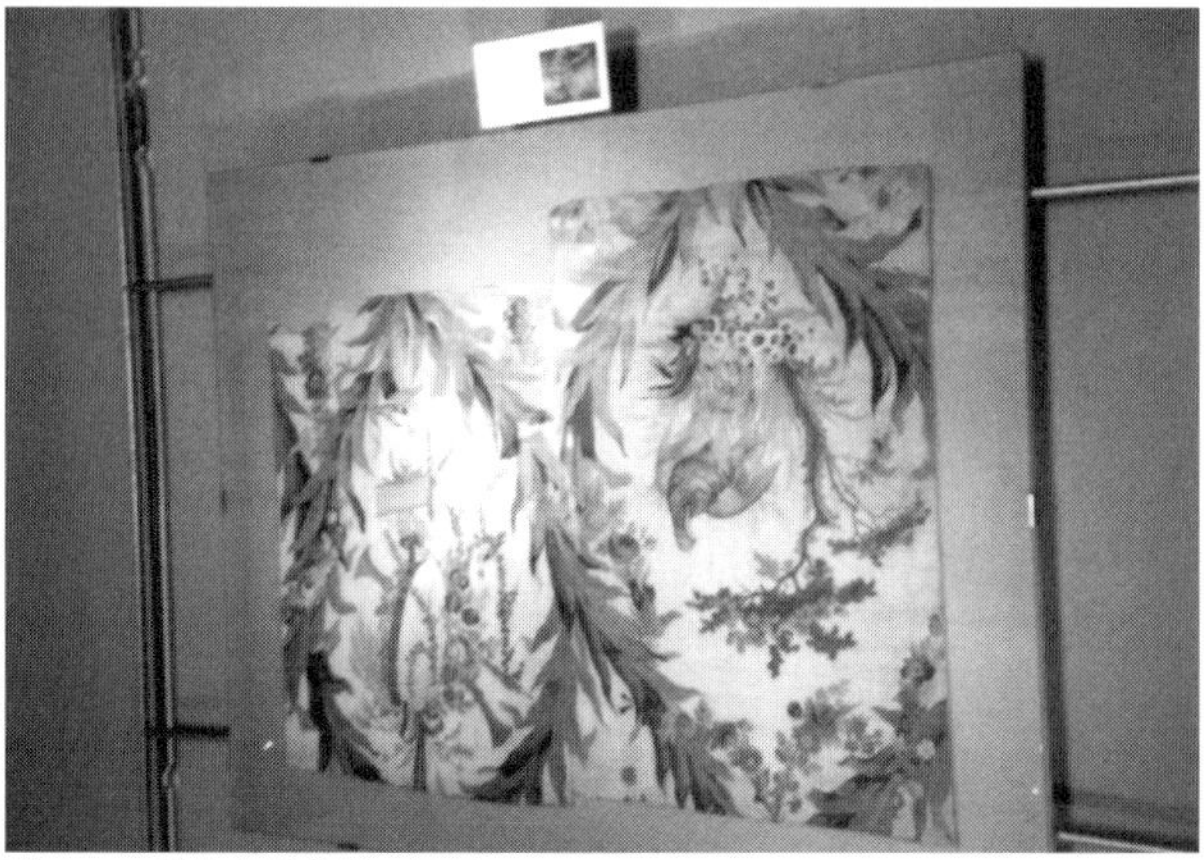

■リヨン織物史美術館の展示

六世紀の方形のタペストリーは中央に花を喰うウサギの図がデザインされています。二〜三世紀のウールのタペストリーは、一九〇六年にA・ギャレットによって発見されたもので、フィッシュ・タペストリーと呼ばれ、全面に色彩豊かな魚が多数表現されています。さらに一九〇七年、パリのギメ美術館の創始者として名高いエミリエ・ギメが寄贈した五〜六世紀のエジプトのタペストリーは獅子狩文様と呼ばれ、馬上からライオンを狩猟する様子を描いたものです。この文様はシルクロードを経て中国に伝えられさまざまな銀器や器物に描かれています。エジプトの資料にはライオンや馬、人物を描いたものが多いようです。

このほか、七世紀初期以来のササン朝ペルシャの織物、さらにイスラム社会の着衣、ウズベキスタンやインド、トルコの織物も見られます。

極東地域では、中国の広東地方の布見本帳や絨毯、仏画を描いた織物などが展示されています。

日本関係の美術作品では、江戸時代の帯、僧侶の袈裟、刺繍の施された明治時代の絹製の袱紗が収集されています。江戸時代の帯は絹地に金糸で桜の花と枝、短冊の図柄が刺繍された豪華なものです。僧侶の儀式用衣装の一つである袈裟は、絹地に金糸で全体の上部に雲、中位以下に牡丹の古木と花、さらに部分的に亀や象などの文様を散らせたもので、十八世紀の中国または十九世紀の日本の作品とされていました。館の来歴資料には、東京でコレクターから購入となっていますが、中国で製作された作品の可能性も捨てきれません。展示ケース越しに見た袈裟は痛みが著しく、

■リヨン織物史美術館の展示

図録に示されたものとは全く別の作品ではないかとも感じられました。同じケースには紅葉を散らした扇子の文様をデザインした小袖と、小型の仏像三体が展示されていました。他のケースには平重盛像の軸が展示されていましたが、これも巻きじわと見られる痛みがひどく、扱いが雑なのではと感じました。

袱紗の説明には、「三〇センチ程度のものから優に一メートルを越えるものまであり、贈答品のカバーである」と紹介されています。袱紗は、現在でも結納など祝事の覆いとして用いられています。ここに展示されている袱紗の文様は、たけのこと竹藪、雌雄の鶏とひよこ二羽がさまざまな色の糸を用いた刺繍で表現されています。実にのどかな景色です。

ミラノコレクションで発表されたドレスや豪華な宮廷ドレス、美しいデザインの刺繍、染色作品なども十分堪能できます。さすがに織物史美術館であると感心しました。

一九三〇年以来、エルメスのスカーフはここリヨンで生産されてきましたが、一九五七年デザインの絹製スカーフが展示されています。レースでは十六世紀には既に有名だったイタリア、ベニスの一六六〇～一六六五年の作品や、十七世紀のミラノの製品、一七〇八年のベルギー、ブリュッセルの製品などが集められています。

Musée des Arts Decoratifs

装飾博物館

この博物館は、十八世紀の貴族の館を博物館に利用したものです。服飾作品はマネキン人形に着装された状態で展示されており、織物史美術館の展示よりもわかりやすくなっています。かつて貴族の住まいであったという由来から、絨毯やガラス工芸品、銀製食器、陶磁器等が部屋ごとにケースに入れて展示されています。

部屋には暖炉があり、天井から美しいシャンデリアが下げられ、壁には額入りの絵画が飾られてい

■装飾博物館

メトロA号線
アンペールビクトルユーゴ駅

ます。それらは独立した展示物ではなく、館、部屋と一体感のある調度品になっているように思えました。

日本の作品にも関心が高いようで、刀の鍔などの刀剣装飾品、伊万里焼の染付け大皿などが展示されています。

訪問したときは中国先住民族の衣装や装飾品の特別展示が行われていました。円形の段を重ねた舞台の上に、本物の竹を使ってジオラマの舞台がつくられています。竹は、中国の田舎を象徴的に表現したものでしょう。中国先住民の服の実物を貼り付けて解説したパネル、映像による日常生活の紹介などがあります。舞台上では特別な儀式などに着用する晴れ着を展示していました。大規模なジオラマ展示であり、奥へ進むほど照明が暗くなります。足元に危険を感じたものの展示アイデアは上出来だと思いました。

■室内調度品の展示

■刀の鍔

■伊万里の皿

印刷博物館
Musée de l'Imprimerie

メトロA線
コルドリェ駅

■印刷博物館　旗が目印

博物館は市街地のビル群の中にあります。ちょうど昼食時でもあったので、角の外食産業の店舗が多くの若者で賑わっていました。少し空腹感も覚えていたのですが、彼らに分け入ってハンバーガーをほおばるという気にもなれなかったので、隣の建物でもある目的地の印刷銀行博物館へ入ることにしました。

博物館は十六世紀の旧市庁舎を利用したもので、印刷技術の歴史、発展に関するものが展示されています。

出版文化は、クーベルタンの活版印刷技術の発明以来発展してきました。普段から印刷物や印刷技術に接する機会が多いのですが、

■印刷物の展示

■銅版画を印刷する際に用いた機械のよう

印刷技術についてはほとんど無知だったことをこの博物館の見学によって改めて確認しました。

　印刷物の展示では、ダンテの『神曲』や著名な音楽家の楽譜などを印刷したものがケース内に展示されていました。

　作品を写実的に写真のように表現することに先人がいかに苦心し努力したか、時代を追って展示されています。

　写真技術が発明されていない頃、写実的に印刷することはきわめて困難だったことは、技術が発展していく過程の作品を見ていくとよくわかります。

　点と点の連続、濃淡、白黒のコントラストの世界であり、その絶妙な手法は名人芸、職人技の極致といえます。写実表現がうまくできるようになると、次の段階は色彩の再現です。まず植物標本のスケッチに色彩をのせることから始まります。初期のものもそれなりに色彩は美しいのですが、次第にまるでカラー写真を見ているように錯覚してしまうようなものも生まれてきます。銅版画（エッチング）、石版画、木版画などのさまざまな印刷技術と、その技術で製作された書物、本などを展示しています。

　館の活動紹介パンフレットによると、活字拾いや印刷の実際を子供達に体験学習させる機会が設けられているようです。

ガロ・ロマン文明博物館

Musée de la Civilisation Gallo-Romaine

■博物館の入り口

博物館はリヨンの町並みを見下ろすシュベール丘陵の頂上附近にあります。図録によると、この丘陵全体がローマ時代の遺跡で、ガリアの首都の中心であり、シベール寺院、オデオン、オーギュスト劇場の間に位置します。一九七五年に開館した博物館の建物は丘陵の斜面を利用して建築されています。

入り口にはワインの運搬や保存に用いたアンフォラの壺が並べられていますが、実物なのかレプリカなのかはわかりません。ただ、あまりにも美しい状態なのでレプリカだろうと思いましたが、解説によると本物でした。

アンフォラの壺を後にして階段を下りると、まずは旧石器時代の石器の展示です。打製石器が中心の石器時代の遺物をケースで展示しています。そして青銅器時代、鉄器時代と続き、ローマ時代まで時代に沿って発掘された遺物を展示しています。

展示室が丘陵斜面を利用して地下式構造に似た様式のためか、天井の圧迫感があり、照明も

ケーブルカー
フルヴィエール駅

■館内から見たローマ時代の円形劇場

やや暗い印象を与えます。各階の窓からは、近接して発見されたローマ時代の劇場を望むことができます。この窓からは明るい太陽光線が入ってきます。薄暗い室内だけに、わずかながらほっとします。

また、多くの石碑群はこの時代の碑銘コレクションとして評価が高いようです。

図録や説明板には英語解説は少なく、ケース内外の説明もフランス語のみでした。外国人見学者にとっては不便であり難解でした。

Musée de Fourviére
フルヴィエール博物館

■ノートルダム大聖堂

ケーブルカー
フルヴィエール駅

ガロ・ロマン博物館を出た道から、ノートルダム（フルヴィエール）大聖堂の半球状の大屋根がかなり近くにはっきりと見えます。大聖堂に向かって進むと、まもなく観光バスの駐車場、つづいて大聖堂の前の広場に出ます。ここは人影はまばらで、観光客はリヨンの町並みを一望できる展望台に集まっていました。

展望台と広場の間に小さな博物館があります。気をつけていないと見過ごしてしまうような小さな博物館です。これが大聖堂に附属するフルヴィエール博物館です。教会の儀式に使用されるさまざまな金・銀器や聖母子像、フルヴィエールの丘に作られた大聖堂を描いた絵画などが展示されています。

■フルヴィエール博物館

リヨン市立歴史博物館（マリオネット博物館）

Musée de la Marionette

■地元の窯跡から出土した遺物

フルヴィエールの丘からはバスを使って下りる予定だったのですが、なかなか来ないので、たまたま通りかかったタクシーで山を下りリヨン市立歴史博物館に向かいました。

この博物館は古い伝統的な建築物のようで、旧市街の古い建物が建て込んだ中にありました。博物館は、ホテル・ガダーンと呼ばれたリヨン地域の古いマンションだったことをあとで知りました。

この建物は一五一一年から二七年の間に、ニコラス・トアンドレという人物によって建てられました。一五四五年、ニコラスの息子はフローレンスからやってきた商人で銀行家のトーマス・ガダーンに父の家を売り渡しました。やがて一九〇二年、リヨン市はこの建物を購入し歴史博物館としたのです。

歴史博物館の名前の通り、リヨンの歴史を中心に展示が構成されています。とくに注目されるのは上階に展示されていたリヨンの焼

メトロA線
ベルクール駅

物生産の展示です。リヨン市内から発掘された陶磁器を焼く窯の模型と、そこから出土した多数の遺物を見ることができます。ヨーロッパには、マイセンとかローヤル・コペンハーゲン、ウエッジ・ウッドなどが知られ、パリにもセーヴル焼など有名な陶磁器の生産地がありますが、地域と密着した小さな産地はあまり知られていません。リヨン窯の製品も色づかいが巧みで九谷焼や京焼を見ているようでした。

この博物館は世界マリオネット博物館も兼ねています。リヨンはマリオネットの盛んな地域でした。マリオネットはギニョールとも呼ばれるあやつり人形のことで、リヨンの庶民の気持ちを映す鏡であるといわれています。十八世紀末、綿織物工（カニュー）であったムルゲによってはじめられました。その内容は貧困にあえいでいたカニューの暮らし振りでした。当初は喜劇であったようなのですが、徐々に人形劇を通じた社会風刺となっていきました。この博物館には世界中の人形劇に関する資料が集められており、日本の文楽人形がありました。インドネシアの影絵芝居等、各地の珍しい資料も見ることができました。

リヨンの街を訪ね、多くの博物館を見てきました。ディジョンと近接してはいますが、歴史的にはこちらの方が見るべきところが多いように思えます。

■地元で焼かれた陶磁器？

■あやつり人形の展示

■ルーアンの街並み　フランス人が「住むならルーアン」という理由がわかる

■裁判所の壁には戦時中の弾痕が残っている

ルーアン

ノルマンディ地方の都市ルーアンへのツアーを募集する広告が出ていましたが、まだ一般的ではありません。鉄道を利用していく方法は、パリ・サン・ラザール駅からノルマンディ方面ルーアンあるいはル・アーヴル行きの列車で、約一時間でルーアン駅に到着します。博物館めぐりや街並み見学が駅から歩いていける距離です。

この町にはモネが連作として描いた大聖堂や、ジャンヌ・ダルクに関する遺跡や博物館があります。駅から大きな通りに沿って歩くと、古い建物群が目の前に広がってきます。これらの建物は、たいてい四階建てかそれ以上ですが、いずれも木造建築です。色彩が豊富で、まるでおとぎ話の世界に足を踏み入れたようです。

ルーアン陶磁器博物館
Musée de la Céramique

ルーアンの駅前から大通りを少し歩くと、この博物館への通路に出ます。博物館の建物は一六五七年に建てられた町政庁舎でした。伝統的な落ち着いた建物で、入り口では人間をデフォルメしたと思われる緑色の彫像が迎えてくれます。

ルーアンはフランスでは伝統ある陶器生産地でした。製品は色彩を豊富に使ったものや染付けなど多様なものがありました。この博物館では、主として十六～十八世紀のルーアン地域の焼き物のコレクションを展示しています。陶磁器産業の技術的な部分にも関心が向けられており、工房で用いられた道具類の収集展示も行われています。入り口のそばのケースには陶器を成形する際に大きさを測るためのスケールやロクロを回して成形する際の木製のヘラや「こて」などの道具類が多数集められて

ルーアン駅から徒歩

■陶磁器博物館全景

います。

陶磁器は、窯の中で焼成する際そのまま火にさらすとせっかくの製品が壊れることがあります。そのため、「さや」という製品を保護する容器を使います。ここではそのさやの中に製品が入った状態で展示されています。欲を言えば窯の構造や窯の調査段階の写真があればよりわかりやすいのですが……。

博物館には三つの展示フロアがあります。グランド・フロアの第1室にはルーアンの十八世紀の焼き物が並んでいます。続く第2室は二〜三世紀のガロ・ローマ時代から十二〜十四世紀の中世陶器、第3室の中央には一五七二年製、一五五〇年製のフロア・タイルのなど、第3・4室にはマジョリカ陶器があります。

二階の第5〜8室には十七世紀〜十八世紀のルーアン製の壺やインクスタンドなどのさまざまな陶磁器、第6室には十七世紀デフォルトのバイオリン、第8室には一七五二年ルーアンのバスケットや十八世紀のテーブル飾りがあります。階段のホールに出ると十八世紀ルーアン製の青や黄色など色彩豊かな愛嬌のある表情のライオンの置物が出迎えてくれます。

三階の第9室では一七二八年ルーアンの蓋物、一七三〇年の中国製の蓋物が対比されて並べられています。第15室に展示された置物は、鳥を頂点に飾り下方に人面を二段に配置しさらに下方三段に装飾を施した色彩豊かな背の高いものでした。

ルーアン以外の地域、すなわちイタリアのマジョリカやオランダのデルフトなどの製品も、数は少ないですが比較参考品として集められています。碗や鉢、皿などの食器や日常品ばかりでなく、建物の壁面や床面を飾ったモザイク文様のタイル、飾り絵皿、日本の狛犬に似た獅子の置物など多種多様な陶磁器の製品を見ることができます。

フランスの焼き物といえば、セーヴルやリモージュ、アビランドなどが王室御用達の製品を生み出してきた

■陶器をつくるための道具類

■地元の窯跡から出土した窯道具類

ことで世界的にも有名ですが、もともとはルーアンの地で焼かれた軟質陶器が始まりでした。やがて一七六八年中部のリモージュで磁器の材料となる陶石のカオリンが発見され、この地域がフランスの焼き物の中心となります。七宝焼の伝統的な産地でもあったため、豪華で華麗な装飾は容易だったと考えられます。

フランス南部には、ジアンや十七世紀に盛んに焼かれたプロヴァンス地方の窯があります。また二十世紀にはヴァロリス地域が本格的な陶磁器生産を始めています。これらの産地に、隣接するイタリアの陶器工人が渡来し技術を伝えました。各地で日常容器の生産が開始され、それが基礎となって大きく発展したのです。

■陶器皿

■染付け皿

Musée le Secq des Tournelles
ル・セック・デ・トゥールネル博物館

■教会風の建物が博物館

ルーアン美術館の裏手に位置する教会風の建物が博物館です。この博物館の鉄製品に関するコレクションは世界的に優れたものと案内書に書かれていました。

この博物館は十六世紀初期のサン・ローラン教会を改修したものです。改修とはいっても本格的に内装や部屋の配置まで変えたわけではなく、かつての教会の趣を残しています。狭い入り口を入るとすぐに受付があります。

ルーアン駅から徒歩

■展示室はもとは礼拝堂

■昔のアイロンは木炭を入れて使った

眼前には鉄製の看板や農具、ドア、鉄柵、鍵、ドア装飾、門扉など大小さまざまな鉄製品が折り重なるように展示（?）されています。おそらく礼拝堂の部分がもっとも広い展示スペースなのでしょうが、小部屋のほうはケースに詰め込まれた鍵、ノッカー、農具、工具などが雑然と置かれています。これは二階でも同じでした。

入館後しばらくの間、ここは博物館なのか、日曜大工用品や鉄製品の売場なのか戸惑うほどでした。時間が経つにしたがって、芸術品として鑑賞する余裕が出てきました。

パリには鍵の博物館がありますが、ここでは単に鍵だけでなく鉄製品すべてを対象としています。オーストリアのウィーンやザルツブルグの町並みにはさまざまな工夫を凝らした透かし彫りの看板が掲げられていましたが、その原型のような看板もいくつか見ることができました。

Musée des Antiquités
古代博物館

三階建て、屋根裏を含めると四階建てという、ルーアンではごく普通の建物が古代博物館です。入り口にはここが博物館であることを示す小さな看板標示がありますが、このほかには案内標示もありません。

内部には宗教芸術の作品が多く展示されており、中世の聖母子像や十字架のほか、建物の石柱の上部に見られた装飾、鉄製品のバックルなどの出土品も見ることができます。

■博物館の正面入り口

ルーアン駅から徒歩

Cathedrale Notre-Dame

ノートルダム（ルーアン）大聖堂

ルーアン美術館を出て左手（東）の方向に行くと、市庁舎の前に出ます。ここを右手に少し入るとサン・トゥーアン教会があります。この建物はフランボワイヤン・ゴシック様式と呼ばれるものです。

■ルーアン大聖堂

ルーアン駅から徒歩

■大聖堂内部

この様式名は「炎」をイメージする尖塔が見られるのを特徴としています。さらに通りを南へ行くと、左手にサン・マクール教会です。この建物もサン・トゥーアン教会と同じ様式のものです。訪問時には修復工事のため、建物全体に覆いが掛けられていました。それでも尖塔やゴシック様式の特徴は見ることができました。

通りをはさんだ向こう側に、街並みの隙間から大聖堂の一部が見えます。これがルーアン大聖堂です。一〇六三年の創建ですが、以後たびたび改修工事が行われてきました。十四世紀後半にはフランボワイヤン・ゴシック様式となり、現在ではその代表的建築とされています。

ルーアン大聖堂には左右二つの異なった塔がありますが、一八九〇年代にモネはこの大聖堂の絵を約三〇点描いています。このうちのいくつかは、パリ・オルセー美術館、マルモッタン美術館、そして地元のルーアン美術館などに展示されています。

内部に入ると外観の一軒荒々しい雄大さとは異なり、荘厳で広大な空間が拡がっています。ステンド・グラスから差し込む外光の美しさは、自然に人々を敬虔な世界に導いています。

ジャンヌ・ダルク教会

Eglise Jeanne d'Arc

■ジャンヌ・ダルク教会

ルーアン大聖堂を後にしてルーアンの街を散策してみましょう。

大聖堂の前の通りを一〇〇メートルほど行くと大時計があります。その下をくぐるとやがて旧市場広場に出ます。大聖堂から北に一筋目を左（西）に折れると裁判所の建物があり、ここからも旧市場広場にすぐに出ることができますが、大時計通りのほうがにぎやかです。旧市場広場には、ジャンヌ・ダルク教会が建てられています。

ジャンヌ・ダルクは、一四一二年にフランスの北東部シャンパーニュ州の農村ドン・レミの農家の娘として生まれました。やがて一九二八年、ジャンヌ・ダルク十七歳の時、救国の神託を受けたとしてシャルル七世のもとを訪ねます。その神託とは、彼女がフランスからイギリス軍を追い出し、シャルル七世を王位につけよという内容でした。

シャルル七世から軍を委ねられたジャンヌ・

ルーアン駅から徒歩

ダルクはフランス軍の陣容を立て直し、ついに一四二九年、オルレアン北方のパテでイギリス軍を打ち破り、オルレアンを奪還したのです。そこでシャルル七世はランスで戴冠式を行い、後の一四三六年にはパリに凱旋します。

一方、ジャンヌ・ダルクは、イギリスと通じていたルーアンの司教たちによって異端の宣告を受け、裁判の結果、一四三一年にルーアンの市場の広場で火あぶりに処せられました。その場所に、ルーアンの街には不釣合いなほど近代的な教会が建てられています。また、彼女の一生を蝋人形などのジオラマで紹介する博物館も教会に面してあります。

■ジャンヌ・ダルク博物館

著者略歴

中村　浩（なかむら　ひろし）

1947年大阪府生まれ。1969年立命館大学文学部卒業、大阪府教育委員会文化財保護課をへて、1975年より大谷女子大学、現在同大学文化財学科教授。博士（文学）

【主要編著書】

『陶邑』Ⅰ～Ⅲ（編著、大阪府教育委員会、1976～78年）、『和泉陶邑窯の研究』（柏書房、1981年）、『古墳文化の風景』（雄山閣出版、1989年）、『新訂・考古学で何がわかるか』（芙蓉書房出版、1999年）、『博物館学で何がわかるか』（芙蓉書房出版、1999年）、『概説・博物館学』（共著、芙蓉書房出版、2002年）

ぶらりあるき　**パリの博物館**

2005年９月10日　第１刷発行

著者
中《なか》村《むら》　浩《ひろし》

発行所
芙蓉書房出版
（代表 平澤公裕）
東京都文京区本郷3-3-13（〒113-0033）
TEL 03-3813-4466 FAX 03-3813-4615
http://www.fuyoshobo.co.jp

組版／PRISM　印刷／モリモト印刷　製本／協栄製本

ISBN4-8295-0362-9